La philosophie enseignée à ma chouette

ABÉCÉDAIRE DÉRAISONNÉ

www.maxmilo.com
ISBN : 978-2-35341-030-9

YVES CUSSET

La philosophie enseignée à ma chouette

ABÉCÉDAIRE DÉRAISONNÉ

Max Milo
HUMOUR

Cet abécédaire philosophique a été imaginé à l'occasion d'une carte blanche que l'espace culturel Louis-Aragon en Saône-et-Loire a offerte à l'auteur en novembre 2006, et intitulée « La philo en folie » : rencontre entre théâtre et philosophie. Il s'agissait à l'origine d'animer des soirées ironiquement appelées les « choco philo » pour contrecarrer le fameux café philo, soirées pendant lesquelles des sujets et notions philosophiques étaient revisités sur un mode humoristique et doucement décalé. À la suite du succès de ces soirées, l'auteur a voulu transformer l'essai en ouvrage.

L'auteur a bénéficié, pour la rédaction de cet ouvrage, du soutien du Centre National du Livre.

À moi-même, sans qui cet ouvrage
n'aurait jamais pu voir le jour.

« C'est bien. »

Emmanuel Kant

Avertissement

Sage chouette, ma semblable, ma sœur,

Sans vouloir être trop directif et pour te protéger du démon de l'ennui, laisse-moi d'abord te préciser que le texte qui suit, à l'instar de celui d'un dictionnaire ou d'un annuaire, ne doit pas nécessairement être lu en suivant l'ordre de la pagination. Fais ce que veux, picore çà et là, mon petit oiseau qui prends ton envol au crépuscule.

J'ai décidé de t'enseigner la philosophie, à ma contrefaçon. Ne le prends pas de travers : ce n'est ni à cause de tes lunettes ni de ta face aplatie, ni même parce que tu as une fâcheuse tendance à gober tes proies tout rond à peine la nuit tombée, mais du seul fait qu'il me semble qu'en notre époque philistine tu as oublié, ô chouette, que tu n'es pas qu'une exclamation superlative. Tu vaux mieux ! Tu penses ! Donc tu es ! Tu es qui ? Tu es le symbole du savoir absolu, ce petit animal philosophique que Minerve (déesse de la sagesse et non du torticolis) a choisi pour l'accompagner loin de l'agitation futile des pauvres bipèdes sans plume que nous sommes et afin d'y voir un peu plus clair dans l'obscurité du monde.

Sache aussi, petite veinarde, que tu trouveras en sus du texte principal (que tu reconnaîtras à ceci que l'autre partie en est secondaire) un ensemble assez complet de notules didactiques qui auront pour principale fonction, à la manière des scolies (non, il ne s'agit pas d'un léger dérangement intestinal, tu confonds avec la logorrhée), d'enrichir ta culture philosophique initiale, ce qui sera par exemple utile en vue de la préparation de l'épreuve de philosophie du baccalauréat.

Je t'embrasse, ma chouette chouette, moi qui ai tellement besoin de ton amour et qui me sens tellement seul si tu ne t'intéresses pas un peu à ce que j'écris (cf. « E comme Ego »). Je te souhaite bonne lecture et te fais plein de papouilles, tu es tellement mignonne.

Au fait, je peux t'appeler Sophie ?

A comme Amour

L'opinion [1] courante au sujet de l'Amour est totalement erronée (comme l'opinion a de toute façon tendance à l'être, surtout lorsqu'elle est courante), car on dit généralement que l'amour ne se définit pas mais qu'il se ressent. Or un simple effort d'analyse historico-philosophique, même tout à fait succinct, suffit à faire apparaître de manière claire et distincte l'évidence de la thèse contraire : l'amour ne se ressent pas, il se définit uniquement.

Faisons d'abord la nique à quelques idées reçues. Il n'existe que deux grands types d'amour : l'amour physique et l'amour sexuel. Pourtant un seul nom suffisait à l'origine (qui dit origine dit nécessairement Grèce antique) à désigner les deux : Éros [2]. Mais Éros est devenu exclusivement sexuel le jour où l'on a découvert que, sous le nom d'« amour », la courtoisie du désir (« Permettez-moi, Madame, de vous baiser ») cachait en réalité la sauvagerie des pulsions (« Oh, Madame, t'es trop bonne »). Ce qu'un docteur viennois un peu fripon[3], qui avait la drôle de manie d'allonger ses patientes pour mieux déshabiller leur âme, résuma approximativement en ces mots à la fin du XIXe siècle : « Le désir, c'est l'alibi bidon qu'on s'invente pour cacher nos pulsions », et l'alibi bidon devint par un étrange lapsus la libido. Ce ne sont que les fouilles menées à la même époque en Europe centrale qui ont fait apparaître que l'amour – au contraire de la libido, qui est originaire d'Alibi – est enfant de Bohême (comme le docteur Freud qui y naquit) et qu'il n'a jamais connu de lois (au contraire de Freud qui ne pense qu'à ça). Comme quoi on trouve de tout en Bohême. Bref, même si l'amour est soi-disant universel, rappelons-nous quand même qu'il est d'origine tchèque et de tendance anarchiste. Ce qu'une étymologie contestée confirme pourtant aisément. A- : contraction phonétique du préfixe « ad » indiquant l'appartenance, la provenance ou l'origine ; et -Mour : diminutif de Moravie dont chacun sait, j'espère, qu'elle est passée en 1411 sous le gouvernement direct des rois de Bohême : depuis cette date, qui est originaire de Moravie est aussi enfant de Bohême. CQFD. Nous pouvons par conséquent écarter cette anecdote peu sérieuse dont vous avez certainement eu vent et selon laquelle le mot d'« amour » remonterait au XVIe siècle, à une rencontre prétendue entre un ours des Pyrénées et une duchesse de la cour du roi d'Angleterre. Sous l'effet de l'alcool, la duchesse aurait confondu le mammifère velu avec son fougueux amant français. Encore hésitant dans la langue de Shakespeare, l'ours, surpris de ce quiproquo et afin d'échapper à la terrible et libidineuse duchesse qui avait l'air prête à le bouffer, au lieu d'affirmer distinctement « *I am a bear* », comme aurait pu le faire sereinement n'importe quel ours anglophone, n'aurait pu dire que dans un mauvais franglais : « *am our* ». D'où le sobriquet d'« amour » dans lequel se rencontrent l'innocence de l'enfant et l'indélicatesse de l'ours. Ce à quoi la duchesse aurait répondu dans un français encore imparfait : « Ah, le voyou ! », qui devint : « *I love you* », ce qui ne l'empêcha pas de convoler en plus ou moins justes noces avec l'animal. On raconte qu'informée de cette affaire, la vieille reine d'Angleterre, voulant éviter tout nouvel incident, ne cessa alors de répéter : « Lorsqu'il s'agit d'amour, laissez désormais Mamie faire ! » Certes l'histoire est charmante, mais un détail en trahit néanmoins le peu de véracité : le massif des Pyrénées n'est pas en Bohême !

Nous n'avons jusqu'à présent parlé que de la forme dégradée de l'amour, sa forme sexuelle, venons-en maintenant à sa stricte réalité physique.

D'un point de vue physique, l'amour est la rencontre, en un point P et sur une trajectoire rectiligne, de deux corps étrangers x et y poussés à grande vitesse dans deux directions symétriques et inverses. La quantité de mouvement étant constante et la trajectoire rectiligne, aucun des deux corps ne peut contourner l'autre sans l'intervention d'une force extérieure, à défaut de laquelle il y a nécessairement pénétration d'un corps par l'autre, si du moins on ne s'est pas assuré de leur étanchéité avant de procéder à l'expérience. Mais pour que *x* puisse pénétrer *y*, il faut d'abord qu'il l'invite au restaurant. L'intersection des champs magnétiques produit alors une énergie électrique qui mène soit au court-circuit, soit à la production d'un nouveau courant électrique qu'on nomme en général « coup de foudre » et qu'on reconnaît alors aux étincelles produites par les deux corps, qui se retrouvent vite sur la même longueur d'onde et parfois même dans de beaux draps. Sous l'effet de l'induction magnétique de ce nouveau courant, la pointe extérieure du corps *x* se dresse pour favoriser la pénétration du corps *y* : ce phénomène scientifiquement inexpliqué et inexplicable est couramment désigné par le substantif du verbe « ériger[4] ». Le problème physique de l'amour, c'est la direction induite par la rencontre puis la pénétration des deux corps. En effet, soit chacun continue ensuite dans sa direction initiale, les deux corps ne cessent dans ce cas de s'opposer et de se heurter à la manière de deux aimants se rencontrant par le même pôle, et il y a sur la durée, malgré les tentatives régulières de pénétration, neutralisation réciproque des forces, on retombe dans l'électrostatique, le couple *xy* s'ankylose, et le magnétisme s'éteint ; soit au contraire on reste dans le champ de la dynamique, les deux corps empruntent la tangente, et c'est alors un nouveau commencement pour *x* et *y* qui se marieront et auront beaucoup de petits *a*, *b*, *c*, etc.

Même si l'amour n'existe pas, on peut donc tout à fait le fabriquer par soi-même avec ses petits moyens pour peu qu'on ait quelque connaissance physique élémentaire de la mécanique des corps. Pas besoin de beaucoup d'ingrédients ni d'expérience pour faire l'amour : deux corps étrangers, une action magnétique, un coup de foudre, une chambre noire, un tube à essai, quelques frottements, une étincelle, une érection, une pénétration, une décharge. Voilà pour un circuit complet.

Mais l'amour physique est sans issue. Après l'amour physique, *x* est triste et allume une cigarette tandis qu'y se sent frustré[5]. Alors que l'amour sexuel, c'est au contraire ce qui permet au corps *x* de sortir de sa tristesse par la pénétration du corps *y*. C'est par l'amour sexuel qu'on peut échapper aux impasses de l'amour physique, et, inversement, c'est l'amour physique qui appelle les joies de l'amour sexuel. Ils sont donc tout à fait complémentaires et peuvent se faire successivement, pour autant qu'on ait réuni au préalable le matériel requis.

Notules pour ma hulotte

Sur l'opinion, Éros, Freud et Spinoza

(1) **L'opinion, la fameuse *doxa* des Grecs** (d'où « paradoxe » : qui tord l'opinion, ou « orthodoxe » : qui la remet bien droit comme il faut) est une croyance répandue du seul fait qu'elle se répand, et à laquelle chacun croit tout simplement parce que tout le monde y croit. L'opinion publique est tout ce à quoi l'on croit aussi longtemps qu'on n'a pas eu le temps d'y penser ; on appelle « sondage d'opinion » le formulaire officiel qui nous autorise à rendre publique notre absence de pensée pour pouvoir mieux la partager. Il existe une opinion répandue selon laquelle la philosophie serait l'ennemie de l'opinion, pour ne pas dire le contraire.

(2) **Pour Socrate, Éros, alias l'amour ou le désir** (vous choisirez, je ne vais pas non plus tout faire à votre place), rejeton de Poros (« Expédient ») et de Pénia (« Pauvreté »), est apparu dès sa naissance comme un heureux mixte de manque et de plénitude. Il faut donc savoir que, contrairement aux idées reçues d'on ne sait où, érotique est synonyme de platonique – et inversement, car pour Platon qui a retenu à la lettre la leçon de son maître Socrate, Éros est le moteur même de la philosophie : quoi de mieux, en effet, pour élever l'esprit en direction de la vérité, que la vue d'un jeune corps désirable (cf. « C comme Corps ») ? Par extension, on pourra donc appeler « érotomane » tout amateur

obsessionnel de philosophie. À défaut de pouvoir comprendre ce mouvement du désir depuis le corps en direction de l'âme, dont atteste pourtant le mouvement même de nos organes, on accusa Socrate d'avoir avec ses jeunes disciples des relations dont le caractère était loin d'être uniquement platonique, ce qui, pour être anachronique, n'en était pas moins paradoxal. Pour se défendre, Socrate ne trouva rien de mieux que de déclarer qu'il ne savait rien, et que c'était même la seule chose qu'il sût. Après une telle apologie, les membres du jury, dont Socrate aurait aimé aussi qu'ils le sussent, furent évidemment sans pitié.

(3) **Sigmund Freud (1856-1939), médecin psychiatre** qui se sentait tellement à l'étroit dans ses propres symptômes qu'il inventa la psychanalyse pour s'en libérer, qui détestait tant la philosophie qu'il suscita l'admiration de tous les philosophes, qui dénonçait avec tant de justesse l'illusion religieuse qu'il fit l'objet d'un culte, qui se sentait si juif qu'il faillit en devenir antisémite, bref Freud était le type même du pervers polymorphe qui osa, contre la déontologie la plus élémentaire, devenir psychanalyste avant d'avoir achevé son analyse.

(4) Attention, **le substantif du verbe « ériger »**, qui ne se forme pas comme celui du verbe « déranger », n'est pas « érigement » mais « érection », qui ne se disait, avant les découvertes décisives du XXe siècle, qu'à propos des monuments, ainsi que le rappelle Gustave Flaubert.

Du point de vue de la physique des corps, l'érection, qui voit une masse de sang se diriger soudainement sans raison valable ni motif recevable en direction de la matière molle du corps *x*, est si peu explicable qu'on a pu, à l'instar d'Arthur Schopenhauer (cf. « S comme Souffrance »), la rapporter à une volonté plus puissante que celle de l'individu, à travers laquelle la vie *veut* pour nous. Et si la vie ne veut pas, tant pis, car comme dit Épictète : il ne faut pas s'affliger de ce qui ne dépend pas de nous. On comprend alors mieux pourquoi la *vox populi* peut affirmer sans contradiction, dès lors qu'on sait que l'érection est un mouvement de la vie qui transcende le vouloir-vivre individuel, que Bali-Balo dans son cercueil bandait encore comme un chevreuil.

(5) **Spinoza a dit** (en tout cas, s'il ne l'a pas dit, on est sûr qu'il l'a pensé très fort) : « ***Post coïtum omne animal triste*** » (« Après l'amour, tout animal est triste et s'en grille une petite »). On sait aujourd'hui que c'est essentiellement le mâle qui se sent inondé de tristesse après avoir lui-même inondé la femelle, laquelle est beaucoup plus prompte à retrouver le chemin du coït. On rentre vite, à l'instar du mâle, dans un cercle qui s'avère, toujours à l'instar du mâle, vicieux : l'exigence insatiable de la femelle l'enfonce plus encore dans sa tristesse en même temps que diminue la probabilité que la matière molle retrouve la force de s'ériger à nouveau. Mais depuis qu'on sait que tristesse signifie sentiment de diminution de sa puissance, la science, qui est

généralement le monopole des mâles, ne cesse de chercher les moyens d'augmenter artificiellement la puissance masculine pour renforcer chimiquement le sentiment de joie (cf. « J comme Joie »). « Viagra », ennemi de la matière molle, est le nom de ce substitut chimique à l'effort pour persévérer dans l'être, largement décrit dans l'*Éthique* de Spinoza.

B comme Bonheur

Nous sommes tous condamnés à la recherche du bonheur, c'est ce qui fait notre malheur. Une brève explication s'impose.

Il faut savoir que tout a commencé au commencement de tout, voire un tout petit peu avant. Adam et Ève, encore dans la fougue de la Genèse, se sentaient libres comme l'air. Et alors même que le long des routes d'Éden se multipliaient les panneaux d'interdiction de manger des pommes, un beau jour (les jours venaient d'ailleurs tout juste d'être créés et ils étaient tous tout beaux tout neufs), Ève en proposa une à Adam, lequel Adam finit par se laisser tenter – on ne sait toujours pas comment, étant donné qu'il n'avait jamais connu la tentation. Et Dieu [1], le grand flic d'Éden, punit Adam. « Adam, tu recopieras chaque jour cent fois la phrase suivante : "Je ne dois pas rechercher le bonheur sans avoir demandé l'autorisation au préalable." » Et Dieu créa le stylo et le cahier d'école. « Et tu feras signer ton cahier par tes parents. » Et Dieu créa les parents, ce qui l'arrangea quand même énormément, car ça ne faisait pas très sérieux un premier homme qui naît sans avoir de parents. « Quant à toi, Ève, ne crois pas que tu iras chercher dans les choux les bébés que les cigognes y auront déposés. Non, ton enfant logera dans ton ventre, ça fait grossir, ça tire la peau et ça fatigue, et toc. Et je te raconte même pas l'accouchement. » « Je n'ai pas dit que je voulais un enfant », dit Ève, l'effrontée. « Tu en auras quand même. D'abord, c'est pas moi qui vais toujours tout faire ! Si vous pouviez vous reproduire par vous-mêmes, ça me reposerait, le monde ne s'est pas non plus fait en un jour. Et ensuite, Adam connaît désormais la concupiscence, car la bandaison papa ça ne se commande pas, il commettra avec toi le péché de chair, et de l'eau aura coulé sous les ponts avant qu'on invente les premiers moyens de contraception. » Et Dieu ne créa pas les contraceptifs, rien que pour emmerder la pauvre Ève. « Ça m'est égal, on pratiquera le coït interrompu », dit Ève. Alors l'Éternel, jamais en panne d'imagination, créa la rosée du désir, ces quelques gouttes que l'homme ne peut jamais retenir sous l'effet de la concupiscence et de l'excitation, qui s'en vont très vite rejoindre l'ovule sans que personne ne s'en rende compte et qui rendent particulièrement aléatoire la pratique pourtant brevetée du *coïtus interruptus*. Mais ne nous étendons pas trop sur des considérations biologiques d'un caractère technique qui risque d'être rébarbatif. Il faut surtout se rappeler que Dieu était très puissant et très en colère, il avait donc plus d'un tour dans sa poche, laquelle ne contenait rien de moins que l'infinité des mondes possibles[2]. « Concupiscent, c'est quand même pas très excitant », rajouta Ève, mais ça c'est accessoire. Et Dieu créa le sac à main.

Pour résumer, Dieu créa le bonheur comme punition du péché originel. On en vient quand même à se demander, avec tout le respect qu'on lui doit (mais on a déjà pas mal remboursé, on lui en doit plus beaucoup), si Dieu n'est pas un peu tordu. Oui, dans le paradis originel, tout est rassemblé pour que le bonheur soit possible : les espaces verts, le loisir, le droit à la paresse, l'indolence, l'absence d'horaires, la grasse matinée, la profusion et la jouissance, et deux ou trois autres trucs accessoires comme l'immortalité, l'innocence et l'amour de soi qui font qu'on peut bien se passer de la télévision. Mais dans ce paradis, il manque l'essentiel : la conscience[3]. Alors pardon de dire les choses un peu rudement, mais on s'en fout un peu que tout participe au bonheur si on n'a même pas les moyens de s'en rendre compte. La chute d'Adam, elle, marque l'apparition de la conscience (eh oui, c'est une fois qu'on est tombé qu'on commence à faire attention), laquelle se résume aisément en quelques mots qui contrastent avec les caractéristiques du paradis originel : honte, pudeur, culpabilité, manque. La conscience, c'est quand même formidable, cela nous permet enfin de nous rendre compte du bonheur pour ce qu'il est réellement : absent. Il est toujours ailleurs : quand il est là, on ne le voit pas ; quand on le demande, il n'est plus là. Ce qui nous donne quand même deux éléments précis de définition : 1) le bonheur est un fantôme : c'est quand il n'est plus là qu'il nous hante ; 2) le bonheur est une pute : on peut se laisser tenter, mais il faudra le payer. Certains en tirent une conclusion un peu hâtive : si je me débarrasse de moi-même, c'est à coup sûr le bonheur, puisque je ne serai plus là pour en profiter. Logique. C'est certes patent, et c'est pourquoi c'est tentant, mais ne vous laissez pas tenter ni appâter, même par la tentative, n'attentez pas à vos jours, ça n'a rien d'épatant, restez patients. Comme je l'ai toujours dit : plutôt mourir que d'attenter à mes jours. Alors résiste, prouve que tu existes, et si tu fais l'essai, t'es transformé [4]. Car il ne faut pas désespérer, tu connaîtras peut-être quelques instants de bonheur. Mais l'instant se fane à l'instant même où vous le cueillez pour s'effacer à l'instant suivant. L'instant, c'est comme l'éternité, cela ne se saisit pas plus que cela ne se mesure ; mais entre les deux, entre l'instant et l'éternité, il y a tout le temps d'une vie, d'une vie consacrée à la quête du bonheur, à la quête d'un seul et unique instant de bonheur qui nous donnera au moins une fois, une fois seulement mais une fois pour toutes, le sentiment de l'éternité.

Notules pour ma hulotte

Sur Dieu, la théodicée, la conscience et la raison pratique

(1) Cf. « D comme **Dieu** ». Il s'agit du seul être imaginaire (dans les dîners en ville, tu diras plutôt *ens imaginarium*), et pourtant le plus inimaginable car infiniment doté d'une infinité d'improbables qualités infinies, auquel les hommes continuent étrangement de croire une fois sortis de l'enfance, au contraire du Père Noël, des elfes, des lutins ou du grand méchant loup, et à propos duquel on ne cesse de leur raconter des histoires pour qu'ils puissent continuer à s'endormir sans inquiétude excessive. Mais on ignore que pendant la nuit, quand personne ne s'en rend compte, le sommeil de la raison engendre des monstres.

(2) **On appelle « théodicée »** l'étrange et délicate entreprise qui consiste à essayer d'expliquer pourquoi, alors qu'il avait quand même le choix entre l'infinité de tous les mondes possibles, Dieu n'a rien trouvé de mieux à faire que de choisir le nôtre. Les spécialistes de la théodicée, qu'ils s'appellent Leibniz ou Pangloss, poussent le vice et l'improbable génie jusqu'à montrer que ce monde-ci est le meilleur des mondes possibles, ce qui a au moins le mérite insigne de faire rire la masse innombrable des consommateurs réguliers d'anti-dépresseurs. Aujourd'hui, une cause aussi désespérée serait sans doute confiée à un avocat de la trempe et de la perversité d'un Jacques Vergès. Se faire l'avocat du diable reste malgré tout incomparablement plus aisé.

(3) **La conscience** est capacité à se rapporter à soi-même et à ses propres sentiments, qui finit par se transformer en handicap quand on n'a vraiment rien d'autre à faire.

(4) Nous trouvons dans ces injonctions quasi comminatoires un *analogon* contemporain de **l'impératif catégorique d'Emmanuel Kant** qui exigeait que l'on obéît sans condition aux commandements de la raison pratique pour prétendre à un comportement moral : agir par devoir ne peut être soumis à aucune condition. On se contentera donc de nos jours de cette morale individualiste par provision proposée par ces deux grands néo-kantiens que sont France Gall (qui conserve de l'impératif kantien son caractère catégorique : « résiste ») et Bernard Laporte (à qui l'on attribue cette autre proposition morale qui régresse de toute évidence au niveau d'un impératif hypothétique : « si tu fais l'essai… ») : des impératifs à consommer malgré tout avec modération.

C comme Corps

Le corps n'a pas toujours existé, c'est à l'instar de l'amour (cf. « A comme Amour ») une création relativement récente. Pendant longtemps les hommes n'ont pas eu de corps, ils avaient seulement une âme condamnée à traîner avec elle une masse de chair dans un sac de peau, le tout dénommé « corps », à défaut de mieux. Le problème, c'est que depuis qu'ils ont un corps, ils ont perdu leur âme.

Un résumé historique s'impose.

Autrefois, c'est-à-dire en gros de l'origine du monde jusqu'à maintenant – enfin presque –, la vie était considérée comme le difficile séjour de l'âme dans la prison du corps. Si l'âme était en prison, pensait-on, c'est qu'elle avait dû commettre une faute ; il est probable qu'à force de se vanter d'être immatérielle et immortelle, de se gargariser d'elle-même, elle a cessé de regarder où elle mettait les pieds. Alors un beau jour, inévitablement, elle glisse et c'est la chute (cf. « B comme Bonheur ») : elle tombe dans un corps mortel qui la tient prisonnière jusqu'à ce qu'il disparaisse. Pire, tombée dans un corps qu'elle n'a pas choisi, elle devient esclave domestique : le corps doit être entretenu, lavé, nourri, reposé, tandis que l'âme, que personne n'entend crier, se crève à la tâche. Et surtout, elle est chargée d'animer le corps en permanence, infoutu qu'il est de se démerder tout seul. Car sans âme, le corps est une masse inerte très pénible à déplacer. L'âme joue donc aussi le rôle d'animatrice [1]. Heureusement, un jour, qui se fait généralement un peu trop attendre, quand le temps est venu de rendre l'âme qu'on vous a prêtée, la mort arrive, et elle ouvre de sa petite main fragile la cellule de la prison du corps d'où l'âme peut enfin s'échapper pour rejoindre la patrie des âmes libres, parmi lesquelles elle peut à nouveau se la péter. Quant au corps, il tombe inanimé tout seul de son côté, c'est la dure loi de la chute des corps, qui ne fait pas d'état d'âme. Et pour être bien sûr qu'il ne soit pas tenté de rattraper son âme, on l'enferme dans une boîte hermétique qu'on place plusieurs mètres sous terre et qu'on recouvre d'une dalle en marbre de plusieurs tonnes : essaye un peu avec ça d'aller remettre la main sur ton âme. Difficile dans ces conditions pour le corps de ne pas se laisser décomposer. « Là où on l'a mis, il va enfin foutre la paix à son âme. » « Paix à son âme », « paix à son âme », répète-t-on alors en chœur. Ainsi autrefois la vie était dure, le corps nous imposait sa tyrannie, il voulait nous soumettre au plaisir, à la volupté, à la jouissance, et il était difficile à l'âme de résister. La mort était en ce temps un heureux événement qui permettait aux hommes de prendre à nouveau soin de leur âme [2].

Mais il y a peu, le corps a pris congé de l'âme, et il n'eut dès lors plus rien pour l'animer encore de l'intérieur. Alors oui, les hommes ont commencé à avoir un corps, mais un corps tout extérieur, inanimé, sans épaisseur, sans relief, sans profondeur, un corps tout plat, en deux dimensions : un corps en image, un corps dans le miroir [3], un corps en photo, un corps dans les journaux, un corps à la télé. Un drôle de corps, pas vraiment un corps propre, ou leur propre corps, non, un corps étranger. Autrefois, l'âme n'était pas chez elle, maintenant le corps est devenu étranger. Si la mort est désormais à redouter, la vie n'est pas devenue pour autant plus belle – soit dit pour vous rassurer. Il faut passer sa vie à essayer de donner de l'épaisseur à l'image de son corps. Alors on traîne avec peine son corps dans un monde sans âme, les corps se cognent, se ramassent, se frottent, s'aplatissent, on les entasse, on les stimule, on les harasse, on les adule, et ça circule, et ça s'agite, et ça s'bouscule, et ça s'excite. Parfois seulement, quelque miroir ou quelque écran nous renvoie notre image, ou même notre beauté (mais il ne faut pas non plus rêver), et l'on s'y accroche comme à l'âme qu'on a perdue.

Les hommes se sont demandé comment retrouver l'épaisseur de leurs corps, et ils ont découvert qu'entre l'âme et le corps, il y a une troisième entité : le sexe, qui pouvait après tout très bien servir d'animateur titulaire à la place de l'âme. C'était il y a peu longtemps, autour de 1968, je vous parle d'un temps que les moins de 30 ans ne peuvent pas connaître. Le sexe, c'est le pivot du corps[4], ce autour de quoi il tourne, ce qui l'anime quand il n'a plus d'âme. C'est ce qui branche le corps sur le réel, mais il faut trouver la prise. Alors les corps ont commencé à se frotter les uns contre les autres, juste pour le plaisir de se sentir exister, pour revenir à la réalité, pour produire ne serait-ce qu'une étincelle, et parfois le courant prenait, au risque de ne plus pouvoir exister sans s'exciter. On a dit oui da à la volupté, oui da au plaisir, oui da à la jouissance, à la liberté, à l'épanouissement, au désir tout simplement. Si mes comptes sont bons, cela fait donc six da, oui six da... C'était peut-être un peu trop. Résultat : aussitôt entrés dans l'ère de la volupté, on en est ressortis, épuisés, un peu tristes et pleins de remords, avec nos corps vermoulus et nos sexes hors d'usage, dans l'ombre menaçante du sida. On s'est mis à se méfier de la volupté, on s'est dit qu'elle fatiguait les corps et les faisait vieillir trop vite. Notre époque prend désormais soin du corps comme autrefois on prenait soin de l'âme : on le fait reposer, on lui impose des régimes, on l'aère, on le rafraîchit, on l'étire, on le dorlote, on le ravale, on lui refait la façade.

Résultat : on ne peut plus vraiment en avoir la jouissance ni l'usufruit, car il est presque toujours en travaux.

Notules pour ma hulotte

Sur animal, Phédon, *Lacan et Merleau-Ponty*

(1) « **Animal** » **signifie** « **être animé** », c'est-à-dire « doué d'une âme ». Mais comme nous le montre Aristote dans son *De Anima*, l'animation est de plus ou moins grande qualité, elle laisse à désirer chez les plantes et chez ceux des êtres humains qui ont tendance à végéter. C'est donc nécessairement sous l'effet de l'alcool que René Descartes a pu affirmer sans vergogne que les animaux n'ont pas d'âme. Un animal sans âme est une contradiction dans les termes. L'homme a pu en revanche en moult occasions apparaître, aussi cartésien qu'il soit par ailleurs, comme un animal qui a perdu son âme (cf. « H comme Homme »).

(2) C'est pourquoi Socrate, qui ne manquait pas de savoir-vivre, a tenu à fêter sa mort entre amis. **Le *Phédon* de Platon**, qui relate la fête en son entier, est un manuel de savoir-vivre à l'usage de ceux qui veulent réussir leur mort. On y apprend que nos derniers instants y sont d'autant plus doux qu'on a pris soin de les consacrer, dans une ambiance feutrée et entourés de quelques proches amis, à démontrer l'immortalité de l'âme, et qu'on a pensé accessoirement à rembourser ses dettes.

(3) **Jacques Lacan appelle « stade du miroir »** (cf. « W comme Wam ») cette période critique de l'enfance où le malheureux petit d'homme comprend enfin, en

refaisant un beau matin sa mise en pli dans la salle de bains, que le corps qu'il voit en face de lui est le sien, infoutu qu'il est de comprendre, l'idiot, que son corps est en vérité de l'autre côté du miroir. C'est la version lacanienne du cogito de Descartes : je me réfléchis donc j'existe. Mais à force de se cogner dans la glace pour attraper son image, on se fait des blessures narcissiques de plus en plus difficiles à cicatriser.

(4) Quand on sait par ailleurs que le corps est, comme le rappelle Merleau-Ponty (dont tu sauras enfin désormais qu'il ne s'agit pas d'un cépage mais d'un philosophe), le pivot de l'être-au-monde, on comprendra mieux que le sexe soit lui-même, par la mécanique du double pivotement, le lieu par où le corps vient au monde.

D comme Dieu

– Pardonne-moi, mon Dieu, je suis désolé de te déranger à une heure si tardive, mais qu'est-ce qui peut bien m'assurer que tu existes ?

– Et pourquoi voudrais-tu que j'existe, mon enfant ?

– Parce qu'il m'est insupportable d'être un ridicule point sans importance dans l'univers infini, insupportable que mourir soit la fin définitive de toute chose, que je sois tout pour moi-même et rien pour tout le reste…

– Bien, je comprends : tu aurais tout intérêt à ce que j'existe, mais quel est mon intérêt à moi, qu'est-ce que ça peut me foutre d'exister ou non ? Tu le prends en compte, mon intérêt ?… Vous êtes marrants, vous voulez à tout prix que j'existe, mais vous ne m'avez jamais demandé mon avis.

– Tu y as bien trouvé ton compte : pendant des siècles, les hommes t'ont voué un culte, t'ont adoré et craint comme l'homme le plus puissant du monde n'eût jamais pu l'être.

– Ce sont les hommes qui se sont imaginé que je m'intéressais à ce genre de choses, pour se rendre eux-mêmes intéressants, moi je n'ai pas d'ego (cf. « E comme Ego »), ça ne m'intéresse pas, tous ces honneurs.

– Mais tu es Amour. Si tu existes, c'est uniquement dans l'intérêt des autres, de tous ceux qui veulent sauver leur petit moi, toi tu ne dis pas « moi ».

– Il ne faut pas t'en prendre à moi si tu n'as pas reçu assez d'amour. Et puis tu es grand maintenant, tu n'as plus besoin d'un papa, et encore moins besoin de croire qu'il est plus fort que tous, invincible et immortel [1]. Ensuite, tu te contredis toi-même : si je donne de l'amour, je dis « moi »... Et d'un autre côté, si je ne dis pas « moi », *je* ne peux pas exister.

– Bon d'accord, mais je n'ai pas dit que tu aimais, j'ai dit que tu étais Amour.

– Ah oui, tout de suite ça change tout. Et ça consiste en quoi, exactement, être Amour ?

– Ben... C'est-à-dire que....

– Précise ta pensée.

– Euh, tu apaises les cœurs, tu adoucis les relations entre les hommes, euh...

– Elle est bien bonne, celle-là ! Si tu vas sur ce terrain, tu n'as aucune chance d'avoir la moindre preuve de mon existence...

– Attends, j'ai un argument imparable, il est un peu compliqué mais tu peux comprendre si tu t'appliques.

– Attention, Amour et Intelligence ne font pas forcément bon ménage.

– Si tu n'existais pas, comment pourrais-je te demander si tu existes ? Pour m'adresser à toi, il faut que tu existes… N'es-tu pas en train toi-même de me répondre ?

– J'ai beau m'appliquer, je ne comprends pas : tu crois que le Playmobil que l'enfant fait parler existe réellement ?

– Oui, mais toi c'est pas pareil, tu es infini ; or l'idée d'infini, je ne peux pas la trouver en moi, qui suis fini, il faut qu'elle ait été mise en moi par un autre, lui-même infini : toi. Et toc. Alors là je t'ai bien eu, tu n'as pas le choix : avec un tel argument, tu dois te rendre à l'évidence, tu ne peux pas ne pas exister.

– Foutaises ! Tu frimes, tu veux la ramener, mais on ne me la fait pas : j'ai bien compris que tu avais lu Descartes, c'est bien, tu auras ton bac, mais son argument est bidon : l'infini est une notion mathématique issue d'un esprit fini, une production parfaitement humaine [2].

– Ah ? Alors je m'adresse à toi mais je délire, c'est ça ? Je nage dans l'illusion ? Rien ne peut prouver ton existence ?

– On peut dire ça comme ça.

– Alors tu n'existes pas ?

– Oh, c'est excessif de dire ça.

– Tu existes ? ?

– Pas davantage.

– Ça n'a pas de sens ! soit tu existes, soit tu n'existes pas.

– Non, Môssieu, ça c'est le principe de la contradiction, le fondement de la logique humaine, mais moi j'échappe à toute logique[3].

– Donc tu es fou ?

– Cesse avec tes raisonnements ou je vais me recoucher, on peut être parfaitement étranger à toute logique sans être fou.

– Alors si tu n'existes pas, mais qu'on ne peut pas dire que tu existes, qu'est-ce que tu fais, exactement ?

– J'inexiste. Voilà, c'est dit, c'est toi qui l'auras cherché, c'est ma manière bien à moi d'être : inexister.

– C'est-à-dire ?

– J'ai un gros potentiel d'existence, mais rien ne prouve qu'il va un jour se réaliser. Je suis possible, mais je ne serai peut-être jamais réel. Considère-moi un peu comme ton pote en ciel.

– Et qu'est-ce que tu fais en attendant d'exister ?

– Eh bien, j'attends justement.

– Tu attends quoi ?

– De subir moins de pression. On veut trop que j'existe, on croit en moi, ça m'énerve, je ne me sens pas libre de faire ce que je veux, je n'existerai que lorsque tout le monde aura cessé de croire en moi. Je serai tranquille, personne ne m'attendra. Et toc.

– Oui mais, tant qu'il y aura des hommes, il y en aura pour croire en toi.

– Alors, tant qu'il y aura des hommes, j'attendrai. Je suis infiniment patient.

– Et quand tu sortiras enfin de l'inexistence, il n'y aura plus personne ni pour le vérifier ni pour le croire.

– Exactement. Et d'un autre côté, si un jour les hommes cessent de croire en moi et que je pointe mon nez à ce moment-là, ils ne me croiront pas, et mon existence sera parfaitement inutile. Ça me déprime un petit peu en fait. Finalement je ne sers absolument à rien : soit les hommes ont besoin de moi, et je ne suis pas là, soit je suis là et ils n'ont plus besoin de moi.

– Et comment te croire quand tu affirmes cela ?

– En cessant de croire…

– Ah ben effectivement, c'est tout de suite plus clair.

– Menteur. C'est tout à fait obscur, cette histoire. Oh et puis j'en ai assez de devoir me justifier, je suis mort, voilà.

– Alors Nietzsche avait raison : Dieu est mort [4].

– Non, il avait tort ; en revanche, je peux t'assurer que Nietzsche est bien mort [5]. Moi, je suis juste mort de fatigue. C'est l'attente. Je vais me coucher, mon enfant ; je vais dormir des siècles et des siècles ; je me réveillerai avec le dernier homme.

– Bon, eh bien, écoute, mon Dieu, je te remercie, tes mots m'ont réconforté, je peux te quitter sereinement, ça fait du bien de se sentir un peu entendu. Je te prie d'agréer l'expression de mes sentiments distingués. Bien cordialement à toi.

– De rien, mon enfant.

– Alors au revoir, mon très cher Dieu si plein d'inexistence.

– Au revoir, mon tout petit mortel, non, je dirais plutôt : ADIEU. Ah ah *Dieu rit.*

Notules pour ma hulotte

Sur l'illusion religieuse, l'argument ontologique, la contradiction performative et la mort de Dieu

(1) Attention, l'argument n'est pas de Dieu – qui n'hésite pas à voler aux hommes ce qu'ils ont fait de mieux – mais d'un de ses principaux concurrents dans la lutte pour le monopole de l'âme humaine : **Sigmund Freud**. L'affreux docteur Freud, qui n'en manque pas une pour nous faire perdre nos illusions, affirme en effet que dans toutes les options proposées à l'âme humaine pour affronter la réalité et cesser un peu de s'abandonner puérilement au plaisir, Dieu est un accessoire essentiel, car il sert de pare-angoisse contre la détresse enfantine, l'hostilité de la nature et la peur de la mort, fonction que l'enfant trouve d'abord dans le père qui finit malheureusement vite par les lui briser. Œdipe peut bien servir un temps de pare-brise, mais il faut ensuite s'en remettre à Dieu, le grand pare-angoisse.

(2) Mais on se demandera alors : si Dieu n'est pas lui-même la cause infinie de toutes choses finies, qui donc a bien pu lui parler de la démonstration de son existence telle qu'on la trouve dans la troisième des ***Méditations métaphysiques*** **de Descartes** ? Force est pour nous autres, esprits finis, de laisser la question en suspens.

(3) Là, l'air de rien, le raisonnement de Dieu, qui s'autorise d'une référence à peine dissimulée à la grande

logique d'Aristote, est quand même un tout petit peu fallacieux. Car si Dieu échappe à toute logique, pourquoi essayer d'en convaincre son interlocuteur par un argument ? Et s'il y a encore argument, alors il y a raisonnement, et donc logique et principe de contradiction. Et si l'on échappe effectivement à toute logique, il devient impossible de le démontrer. À trop vouloir avoir raison, Dieu s'enferme dans ce qu'on appelle la « contradiction performative » : ce qui ne peut être dit sans aussitôt se contredire (exemple : « Bonjour, je suis désolé pour mon retard, mais j'ai eu un accident de voiture dans lequel j'ai trouvé la mort »). C'est alors plutôt son silence qui parle en faveur de Dieu ; d'ailleurs de ce point de vue, il ne s'en est pas trop mal sorti jusqu'à aujourd'hui.

(4) On ne peut pas non plus laisser dire n'importe quoi, fût-ce à **Friedrich Nietzsche**. Quand il n'y a pas de sépulture et qu'on n'a jamais retrouvé le corps, il convient de parler de disparition, même si personne ne lance d'avis de recherche. On s'étonnera d'autant plus de ce choix lexical que le philosophe ajoute, juste après, que les hommes ne s'en sont pas encore rendu compte. Autrement dit, Nietzsche aurait dû dire plus simplement : « Dieu a disparu, personne ne s'en est encore rendu compte et il n'est pas impossible qu'il refasse surface à tout moment. »

(5) Il arrive malheureusement à Dieu d'être un peu cynique, c'est le travers incivil des immortels qui

n'hésitent pas à rire sans vergogne de la dérisoire **volonté de vivre** des mortels, qu'elle s'appelle « volonté de puissance » comme chez Nietzsche, ou, plus drôle encore, « persévérance dans l'être » comme chez Spinoza, ou, sur un mode plus bucolique, « élan vital » comme chez Bergson. Et la miséricorde bordel !

E comme Ego

Ego gagne à être connu, même s'il reste pour tout le monde un mystère, car c'est quand même la seule personne que chacun peut aimer sans faire de jaloux. D'ailleurs, qu'on le sache ou non, qu'on se l'avoue ou non, on aime tous Ego ; il peut être moche, triste, idiot, méchant, on l'aime quand même. L'amour est vraiment aveugle (cf. « A comme Amour ») ; encore plus lorsqu'il est universel comme celui d'Ego. Je peux vous avouer que de mon côté je me suis complètement laissé aveugler. C'est de toute évidence la personne que je préfère au monde, car c'est la dernière dont je voudrais me séparer, je ne sais pas pourquoi, il n'y a aucune raison objective à cela, c'est loin d'être pourtant la meilleure compagnie que je puisse avoir, mais avec Ego j'ai vraiment l'impression, comme avec personne d'autre, d'être le centre du monde : Ego m'hypnotise, m'aliène, me réduit en esclavage, je ne peux résister longtemps à son attrait. Bien sûr, comme je vis au quotidien avec lui, il m'arrive de le haïr profondément, mais je n'ai jamais eu le courage de la rupture, l'amour est toujours plus fort. C'est gênant, quand ma femme me demande : « Tu m'aimes ? », je réponds : « Bien sûr, mais pas autant que moi », et pourtant elle n'est pas jalouse, elle est merveilleuse ma femme, elle est égocentrique : je veux dire qu'elle me met moi avant tout le reste. Mais cela n'a pas suffi à me détacher d'Ego. D'autant que mes relations avec Ego sont loin d'être uniquement platoniques. Je peux le dire tout net : Ego m'excite, Ego me fait bander, d'ailleurs que ferait Ego sans trique ? Je ne suis pas seulement égoïste, et je suis plus qu'égocentrique : je suis égophile, égosexuel, ça va dans tous les sens, j'ai un amour complètement anarchique de mon cher petit Ego, je suis anarcissique.

Je m'aime donc j'existe, voilà le vrai cogito [1].

Oui mais Ego se flétrit tout seul dans son coin s'il ne se sent pas aussi aimé par Alter. Le gros problème est qu'Alter, avec une prétention sans égale, se prend lui-même pour Ego [2] ! Et qu'il traite tous ses égaux comme de vulgaires Alter, demandant également à être aimé d'eux. Tout ceci nous mène droit au mur : il ne peut absolument pas y avoir de symétrie entre les hommes si tout le monde se considère comme Ego et refuse de reconnaître en Alter un alter ego. Je vous le dis tout de go, ce n'est pas sans dégât : si tout le monde se prend pour Ego, à terme les relations s'altèrent. Alors faites un effort, plutôt que de laisser sombrer le monde dans un égoïsme universel et sans issue, considérez un moment que je suis le seul à mériter véritablement le nom d'Ego ; ainsi, au lieu de disperser inutilement votre énergie, concentrez-la en un seul point et consacrez-vous tous également à m'aimer (je vous rappelle quand même que c'est uniquement pour ça que je sollicite votre attention).

Vous m'aimez donc j'existe, voilà le vrai cogito [3].

Notules pour ma hulotte

Sur le cogito, Husserl, Rousseau et Alain Souchon

(1) « **Qu'est-ce donc que je suis ? Une chose qui pense**, c'est-à-dire une chose qui doute, qui conçoit, qui affirme, qui nie, qui veut, qui ne veut pas, qui imagine aussi et qui sent », nous dit Descartes juste après avoir fini de douter, et avant de faire une petite pause. Bref, en un mot comme en cent, et pour éviter d'allonger la liste ad infinitum : une chose qui s'aime elle-même d'un amour sans pareil et qui n'a besoin d'aucune preuve de cet amour pour en avoir l'indubitable certitude. Et si je doute que je m'aime, c'est que je m'aime toujours – idem si je me hais –, sinon comment cela pourrait-il tout simplement me poser problème ? Il m'est plus difficile de douter que je m'aime que de douter que je doute ou même que j'existe. Et toc.

(2) Il a fallu à **Edmund Husserl** plusieurs années de recherches phénoménologiques pour prendre toute la mesure de cet étonnant phénomène et en venir à se poser l'incontournable question : chaque conscience n'est conscience que d'elle-même et pas de l'autre, alors comment puis-je avoir accès à autrui si la porte est fermée à double tour ? Eh bien, il suffit tout simplement de frapper avant d'entrer et de se présenter poliment. Husserl appelle d'ailleurs « apprésentation » cette faculté des consciences à faire les présentations réciproques, et à accueillir ainsi en elles sans se les

approprier indûment les expériences vécues des autres. Nous accédons à autrui par apprésentation, alors ne soyez pas timides, apprésentez-vous.

(3) La différence est notable. C'est celle qui sépare chez **Rousseau** l'amour de soi, ou tendance à s'aimer soi-même d'un amour sans pareil, de l'amour-propre, ou tendance à vouloir être aimé soi-même d'un amour sans pareil. Mais lequel est le plus fort ? La fréquentation assidue des œuvres de Jean-Jacques Rousseau a permis à Daniel Balavoine de trancher par ce brillant apophtegme (non, il ne s'agit pas d'une version plus agressive du ténia mais uniquement d'un aphorisme au caractère particulièrement aiguisé) : aimer est plus fort que d'être aimé. À quoi il faudrait ajouter les propositions normatives issues de l'existentialisme sirupeux d'un Alain Souchon pour savoir que passer notre amour à la machine ne rendra pas pour autant l'amour propre.

F comme Folie

Pascal (Blaise de son prénom) disait : « Les hommes sont si nécessairement fous que ce serait être fou par un autre tour de folie que de n'être pas fou. » Décidément, Pascal était fou. Nécessairement fou, car il fallait vraiment être fou pour être aussi lucide. Telle est la vraie folie : un excès de lucidité qui contraste tant avec la folie des gens normaux qu'il apparaît nécessairement comme anormal. Mais les hommes normaux sont si fous qu'ils enferment les fous pour se convaincre qu'ils sont normaux. Cela vous paraît normal ? Évidemment, vous qui êtes convaincus de votre bon sens, comme le sont tous les fous, vous me direz qu'il est quand même normal d'enfermer ceux qui ne sont pas normaux. Oui, évidemment, mais c'est précisément la preuve que vous êtes complètement fous ! Nous enfermons les fous, c'est normal, c'est parce que leur folie c'est d'être plus libres que nous, alors que nous qui ne sommes pas moins fous, nous avons l'avantage d'être déjà enfermés. Car le monde est un immense asile de fous auquel seule la folie permet d'échapper.

Les fous se sentent seuls, ils ne comprennent pas que tout le monde soit si fou, ils ne souffrent pas de folie mais de solitude ; les gens normaux, eux, sont tout aussi seuls, mais ils sont assez fous pour ne pas s'en rendre compte, car ils vivent ensemble, avec des règles pour se persuader réciproquement que tout est normal [1]. Et la logique du fou est même beaucoup moins rigide que celle de l'homme normal, accroché comme un fou à sa propre logique. Soyons logiques : Socrate est un homme, tous les hommes sont mortels, donc… tous les hommes sont Socrate, c'est logique. C'est même maïeutique, demandez à Socrate, vous verrez. Ou encore : tous les chats sont mortels, Socrate est mortel, donc Socrate est un chat. Indubitable. Ou bien plus encore : Mortel était Socrate, or je suis parisien, donc tous les oiseaux chantent [2]. Il suffit simplement de se fier à son intuition pour comprendre que c'est évident, mais l'on passe pour un fou à dire des choses aussi triviales, et les hommes continuent à s'accrocher à leurs pinceaux pendant qu'on déplace l'échelle. Comme disait Pascal, du moins je crois que c'est quelque chose d'approchant : « La logique a sa raison que la raison ignore, donc soyons logiques, la raison du plus fou est toujours la meilleure. » Et comme Pascal était très fou et donc très logique, c'est normal, il a fait le pari qu'en étant simplement logique on pourrait croire en Dieu ; ça, du moins, c'était le pari de Pascal, il était vraiment fou ce Blaise. Car soit Dieu existe, et il vaut mieux croire en lui, soit il n'existe pas, et il vaut mieux croire en lui [3], on en déduit cette proposition logique universelle : il vaut mieux entendre ça que d'être sourd. Mais ce serait être sourd par un autre tour de surdité que de n'être pas sourd… donc tous les hommes sont mortels.

Notules pour ma hulotte
Sur Durkheim et Pascal

(1) **Émile Durkheim appelle « socialisation »** cette capacité à faire l'apprentissage de règles communes pour pouvoir se comprendre et coexister pacifiquement entre fous, c'est-à-dire entre nous. Donc la vérité est contraire à ce que dit le proverbe : plus on est de fous, mieux on se tient en société. On appelle « cohésion sociale » la folie partagée et bien sous tous rapports, et « anomie » la folie ordinaire qu'on est obligé de garder pour soi tout seul si on ne veut pas trop se faire remarquer en société. Le suicide est le seul moyen que les anomiques ont trouvé pour se faire remarquer malgré tout. Quel manque de civilité !

(2) Pour tous ceux qui veulent un peu assouplir leur propre logique, je renvoie aux auteurs de ces syllogismes : **Eugène Ionesco et Jean Tardieu**, deux grands logiciens devant l'éternel, ou plutôt derrière, pour pouvoir faire les cons sans trop se faire remarquer. Mais pour un pascalien, ce serait être fou que de ne pas se référer d'abord à la logique de Port-Royal, où l'on comptait si peu de fous que Pascal finit par en perdre la raison.

(3) **Ce que Pascal ignorait**, il ne faut pas non plus trop lui en vouloir, ce n'est pas parce que Pascal a inventé à l'âge post-pubère la machine à calculer et la trigonométrie qu'il savait nécessairement tout, Pascal

ignorait donc que si Dieu n'existe pas, cela ne signifie pas pour autant qu'il n'y a pas de Dieu. Dieu n'est quand même pas un homme comme les autres, cela fait partie de sa manière d'être bien à lui que de ne pas exister. Cf. « D comme Dieu ».

G comme Guerre

On a raison de dire que la guerre n'est pas nécessairement une mauvaise chose. Elle a de toute évidence un effet thérapeutique : ne dit-on pas qu'elle nous aguerrit ?

Comme disait Héraclite à Hippocrate en mangeant une raclette (car il y avait des dieux dans sa cuisine [1]) :

– Tu sais, Hippocrate, la guerre est le père de toutes choses.

– Tu veux dire le *nerf*, Héraclite ? Tu veux parler du nerf de la guerre ?

– Non, je te parle du père, je dis bien : le *père* de toutes choses.

– C'est féminin, dis plutôt la *mère*. Dans ces conditions, si mon père en avait, on l'appellerait « ma sœur ».

– Enfin, Hippocrate, tu chipotes, là je te parle en traduction française, c'est simplement par commodité, tu sais bien que « Guerre » en grec est masculin et se dit « polémos ».

– Oh, tu sais, moi et les langues mortes… Eh bien alors, dis plutôt que le conflit est père de toutes choses.

– Attention, Hippocrate, je t'ai connu plus rigoureux, il peut y avoir conflit sans qu'il y ait guerre.

– Tu as raison, Héraclite, je me laisse un peu aller. Qu'est-ce que tu veux ? Ce sont les errements d'Hippocrate… Non, je blague[2].

– Je croyais que tu disais : « Sers-m'en… » « Sers-m'en de la raclette, Héraclite… » Non, je blague aussi. C'est pas parce qu'on est présocratiques[3] qu'on peut pas se marrer un peu.

– Là tu es apocryphe, Héraclite, serment d'Hippocrate. Et tout ceci est un peu obscur. Allez hop, je te laisse, il faut que j'aille faire mes libations avec Démocrite, c'est excellent pour la santé ; tu veux venir avec moi ?

– Oh non, moi, tu sais, je ne me baigne jamais deux fois dans le même fleuve. Et puis ça me saoule… Hippocrate, tu demanderas quand même à Démocrite si on peut accepter d'être hypocrite quand on est sincèrement démocrate.

– Pour être à mon tour apocryphe, Héraclite, je dirais qu'un démocrate comme Périclès, en devenant hypocrite, à coup sûr périclite, mais j'en toucherai mot à Démocrite. Je te laisse à tes réflexions. Tu m'expliqueras tout ça plus tard. Salut à toi. Je te laisse ranger, même si ordre et désordre sont une seule et même chose, à l'instar de vie et mort, car toute chose devient son contraire. Cornegidouille, voilà que je deviens héraclitéen, moi…

– Je dirais même plus, mon Hippo : tu es et tu n'es pas héraclitéen.

Et Héraclite se mit à réfléchir, mais trop soucieux de bien nettoyer sa cuisine, il ne laissa de sa réflexion que des fragments. Il ne restait presque rien de la raclette et que des fragments d'Héraclite. Nous savons donc aujourd'hui grâce à ces quelques fragments que Polémos (la guerre ou le conflit) est le père de toutes choses, mais nous ne savons pas pourquoi Héraclite a bien pu dire une énormité pareille. Quant à Hippocrate et Démocrite, ils se retrouvèrent après leurs libations autour d'un cornet de frites.

– Dis-moi, Démocrite, Héraclite prétend que Polémos est le père de toutes choses. Qu'en penses-tu ?

– Que Paul qui est le père de... Non, je blague.

– Vous ne pourriez pas être un peu sérieux... Comment voulez-vous après ça que la postérité nous reconnaisse comme des philosophes à part entière ? Saperlipopette, on va se faire griller par Socrate, je le sens bien. Allez maintenant, accouche, Démocrite.

– Ah, tu le prends sur ce ton ? Sous prétexte que tu es médecin, tu te crois capable d'accoucher les esprits ? Alors d'accord : la guerre engendre toutes choses, car la vie et le mouvement ne peuvent naître que de la rencontre et de l'opposition des contraires. Et toc.

– Alors la guerre ne peut pas s'engendrer elle-même. Et pouf.

– C'est vrai, elle engendre la paix et est engendrée par elle. Le repos a besoin du mouvement, et inversement. Et vlan.

– Ah, je l'attendais celle-là. En même temps, la paix, elle, est mère de rien du tout, elle est parfaitement stérile, c'est comme les vacances, on ne peut pas en profiter si on en jouit tout le temps. Et bing.

– Et c'est pour ça qu'on a besoin d'une bonne guerre dans ces périodes de paix où l'on n'a pas grand-chose d'autre à faire que d'attendre bêtement sa mort naturelle. Car mourir, cela n'est rien, mais vieillir, ah, vieillir ! Et crac.

– Euh, là tu t'égares, Démocrite. Il faut te calmer sur les libations.

– C'est vrai, je m'égare, mais c'est ainsi que je trouverai mon chemin [4]. Et paf.

– Attends, voici justement Héraclite ; nous t'attendions… Tu étais où ?

– Oh, j'étais juste parti me chercher.

– J'ai peur que l'on soit en train de s'égarer, mais tu vas nous mettre d'accord, même si la pensée naît du désaccord : qu'est-ce que ça veut dire « La guerre engendre toutes choses » ?

– Ah, j'ai dit ça, moi ? Oh, on ne va pas non plus en faire une raclette, j'aurais pu tout aussi bien dire le contraire, qui est vrai aussi d'ailleurs. Quand vous aurez fini vos frites, vous m'expliquerez plutôt la phrase suivante : « Le temps est un enfant qui joue au tric-trac. »

– Oh non, Héraclite ! !

Notules pour ma hulotte

Sur les présocratiques et le serrement d'Hippocrate

(1) **C'est ce qu'affirme Aristote**, qui n'a pourtant jamais mis les pieds chez Héraclite. En même temps, si tu n'espères pas l'inespéré, tu ne le trouveras pas. Alors, même si c'est le bordel, prends le temps de chercher dans la cuisine.

(2) On aura reconnu le mot d'esprit. Chacun sait, bien entendu, qu'il ne s'agit pas d'errement mais de serrement. Le serrement d'**Hippocrate** est la méthode inventée par le médecin éponyme pour serrer la vis des médecins quelque peu négligents, qu'ils fussent d'abord intéressés à leur rémunération ou trop prompts à divulguer les secrets du malade. Cela pouvait aller d'une simple et vigoureuse poignée de main en cas de léger écart jusqu'au serrement de kiki (cf. « K comme Kiki ») en cas de grave récidive.

(3) On note dans ce mot le caractère fondamentalement socratocentrique de la philosophie : **le présocratique** est à la philosophie ce que la préhistoire est à la grande Histoire, on n'arrive jamais à le prendre autant au sérieux. On appelle « présocratiques » les penseurs qui, à l'instar de Parménide, Héraclite, Démocrite, Anaximandre, Thalès ou Anaxagore, n'ont jamais pu accoucher totalement de ce qu'ils avaient dans l'esprit à défaut de disposer d'une sage-femme comme Socrate pour les travailler aux forceps de la maïeutique.

Du coup, leur pensée, fragmentaire et énigmatique, est grosse d'une philosophie qui ne viendra vraiment au jour qu'après eux. Quoi, en effet, de plus contestable que l'affirmation de Parménide selon laquelle l'Être est ? À quoi Héraclite ne manque pas d'opposer un tranchant « Tout devient ». S'il vient à Parménide l'indélicatesse de rétorquer : « Ce n'est pas parce que l'Être est que ce qui est ne devient pas », on ne s'en sort plus. Pourtant certains philosophes un peu soupe au lait, comme Nietzsche ou Heidegger, affirment au contraire que la philosophie s'arrête avec Socrate qui, tout accoucheur qu'il ait été, aurait fait avorter toute la pensée en germe de ses éminents prédécesseurs. Si on les suit, il faudrait donc appeler toute la philosophie depuis Socrate « postprésocratique ».

(4) A l'instar de l'ensemble des philosophes présocratiques justement appelés mégariques, issus de la cité de Mégare dont personne n'a réussi à ce jour à retrouver le chemin. D'ailleurs Euclide de Mégare s'est tellement égaré que c'est un des rares présocratiques à être nés après Socrate, et qu'on l'a longtemps confondu avec Euclide d'Alexandrie, le géomètre, dont les principes nous ont égarés pendant plus de vingt siècles. Or, les deux Euclide sont parallèles, leurs vies ne se rencontrent en aucun point. Le plus simple, pour éviter de s'égarer, est d'utiliser la solution des anglo-saxons, qui ont mis un 's' à Euclide, pour pouvoir faire deux en un.

H comme Homme

L'homme est le seul bipède sans plumes de la nature, qui comprend deux espèces : lui-même et la femme, enfin surtout lui-même, car l'homme comme espèce embrasse toujours la femme. L'inverse n'étant pas vrai : la femme n'embrasse pas l'homme, c'est comme ça, il faut s'y faire, ça n'est pas réciproque, même si la femme est la meilleure amie de l'homme, juste après le chien [1]. L'homme est un animal tout à fait unique, non seulement parce qu'il embrasse la femme, mais surtout parce qu'il n'était pas du tout prévu au programme : aucun bipède sans plumes n'avait été programmé dans le grand plan de prolifération terrestre du vivant. Il ne doit son existence qu'à un malheureux hasard et sa survie qu'à une effronterie. Il faut se rappeler le plus objectivement possible les faits. À l'origine, les dieux qui se demandaient bien comment occuper leurs journées dans l'Olympe sachant que leur vie est éternelle, décidèrent de créer des êtres mortels dont ils s'amuseraient à façonner le destin. Ils prirent de la pâte à modeler et s'amusèrent dans un immense tohu-bohu à façonner des tas d'espèces vivantes différentes qui pourraient allègrement se bouffer entre elles tandis qu'ils regarderaient les jeux Olympiques en direct à la télé. Mais les dieux se lassent très vite de leurs activités, c'est pire que les gosses de riches. Ils décidèrent donc de confier à des dieux de seconde zone, les Titans, le soin de pourvoir ces espèces en accessoires leur permettant d'assurer leur perpétuation. Après un âpre concours de recrutement, ils sélectionnèrent Épiméthée et Prométhée auxquels Zeus s'adressa en ces termes :

– Bonjour, vous avez été retenus pour parachever le travail de création des espèces mortelles. À ma droite, les espèces mortelles – on a fait ça sans trop se concerter, alors évidemment c'est pas toujours fameux, mais l'essentiel c'est de participer. À ma gauche, les accessoires : plumes, poils, becs, griffes, cornes, sabots, etc. Au centre, les qualités physiques : vitesse, force, invisibilité, agilité, capacité de voler ou de se loger sous terre, etc. Épiméthée, vous interviendrez en premier : prenez les espèces vivantes une à une, piochez dans chacun des accessoires et chacune des qualités, et pis mettez les accessoires et les qualités avec les espèces qui conviennent. *Et pis mettez*, ah elle est bien bonne !

– Mais enfin, je n'y arriverai jamais, c'est un travail de Titan !

– Dis donc, Épiméthée, tu te fous de moi ou j'ai la berlue…

– Non, patron, bien sûr, vous pouvez compter sur moi, vous savez bien que vous êtes le phénix des hôtes de l'Olympe.

– Tais-toi quand je parle, vil flatteur. Quant à toi, Prométhée, tu seras inspecteur des Travaux finis, tu vérifieras que le boulot a été correctement fait et tu feras un rapport circonstancié auprès des autorités compétentes. Et ne t'attends quand même pas à ce que je fasse un jeu de mots avec Prométhée, attention je suis Zeus quand même, je ne suis pas non plus sorti de la cuisse de Jupiter.

– Il faut toujours que je me paye le boulot ingrat de seconde main. C'est trop injuste, je me vengerai.

– Comment ?

– Non, rien.

– Je préfère ça. Allez, au boulot.

Épiméthée s'attela à la tâche avec enthousiasme : il dota certains animaux de vitesse, d'autres de force, donna à certains des armes et à d'autres, de petite taille, des ailes pour fuir ou un refuge souterrain, ou encore des poils épais pour garantir d'autres animaux du froid, mais l'imprévoyant avait utilisé tous les accessoires et qualités alors qu'il restait encore une espèce à pourvoir : l'homme. « Tant pis, se dit-il, cette espèce se fera bouffer par les autres, il y en a déjà assez comme ça, ça passera inaperçu si l'espèce humaine disparaît ; en tout cas, j'espère que Prométhée n'y verra que du feu. » Merci, Épiméthée ! Mais Prométhée le prévoyant s'aperçut bien sûr de la bévue quand il vit un petit être malingre, bipède dépourvu de plumes et de fourrure, privé de toute arme de défense et de qualité physique particulière, exposé au froid, à l'hostilité de la nature comme des autres espèces, promis par conséquent à une disparition rapide, en comparaison du ver de terre ou de la mouche à merde, et pire encore, doué de conscience, i. e. sachant qu'il est faible et voué à une mort violente et rapide [2], ce qui est quand même drôlement désagréable. On sait ce que fit l'audacieux Prométhée pour venir en aide à l'homme : il profita d'une nuit de pleine lune où les dieux étaient tous beurrés pour aller voler dans l'Olympe le feu et les arts à Héphaïstos et Athéna. Et pouf, il en pourvut les hommes qui trouvèrent dans la technique et le feu la force qu'ils ne trouvaient pas dans la nature, et même la possibilité de l'augmenter sans cesse jusqu'à avoir l'immense honneur de pouvoir se détruire eux-mêmes au lieu de se faire bouffer par les autres. Merci, Prométhée [3] ! Les dieux découvrirent le larcin de Prométhée et punirent le malheureux : je préfère ne pas vous raconter comment, c'est trop horrible, ça me dégoûte, ça vous empêcherait de dormir [4].

Cette histoire oublie quand même un détail important, que ce très cher Aristote, fondateur de la philosophie, de la métaphysique et de la théologie, de toutes les sciences exactes, de l'économie, de la numismatique, de la morale et de la politique, de la psychologie, de l'anthropologie et des sciences sociales, ne manqua pas de remarquer dans son bel ouvrage au titre ambigu « Les parties des animaux » : l'homme n'a pas été si mal pourvu par la nature, car s'il marche sur ses deux pieds, c'est qu'il a des mains (eh oui, réfléchissez un peu), et avec ses mains il a donc de quoi tenir ses outils et ses armes, de quoi faire du feu, au lieu d'être obligé de s'en servir comme des pieds (de ses mains, bien sûr). Avant que Prométhée ne puisse déclarer sa flamme à l'homme, il a donc fallu que celui-ci lui offre sa main. C'est pourquoi l'homme n'est pas bête comme ses pieds, au contraire des quadrupèdes qui peuvent toujours disposer des meilleurs outils du monde mais qui n'auront jamais que des pieds pour s'en servir : essayez donc alors d'accomplir une tâche aussi triviale que planter un clou ! L'homme est donc un bipède sans plumes, oui, mais avec des mains. Merci, Aristote ! C'est pourquoi il peut connaître le monde sur le bout des doigts, et cela avant même de mettre la main à la pâte. On aurait donc tort de croire que la main de l'homme est son talon d'Achille, elle arrive à mettre le monde à distance en le mettant à portée de main, elle en fait tout simplement un objet transformable et habitable[5], et autant dire que c'est grâce à ses mains que l'homme prend vraiment son pied. Mais attention, il suffit que l'homme n'ait plus le cœur sur la main pour que celle-ci devienne légère, et qu'elle lui serve dans ce cas à serrer les poings, à frapper, à montrer, à dénoncer, à étrangler. L'homme devient alors mûr pour la guerre (cf. « G comme Guerre »). C'est pourquoi l'homme a deux mains : l'une pour construire le monde dans lequel il vit, l'autre pour le détruire et se détruire avec. Ah, si tous les bipèdes sans plumes du monde voulaient bien se donner la main ! Oui, mais laquelle ?

Notules pour ma hulotte

Sur Hobbes, le cynisme et la technique

(1) On dira cette affirmation cynique, et l'on aura raison. Car **« cynique » vient du grec « *Kuôn* »**, qui signifie « chien ». Quand on préfère son chien à sa femme, on est d'abord cynique. Le chien, lui, est misogyne.

(2) **Pour Thomas Hobbes**, la peur d'une mort violente est l'un des principaux motifs de la constitution de l'ordre social et politique. Le contrat social permet de substituer à une mort brutale et totalement anarchique une mort lente et conforme au respect des institutions, comme à la guerre de tous contre tous la domination d'un seul sur tous les autres. Jusqu'à aujourd'hui, on n'a malheureusement pas trouvé vraiment mieux pour se libérer de la peur, même si l'on a essayé l'opium, la religion et le saut à l'élastique. Et après cela, on ose prétendre que l'homme est un animal doué de raison ! Merci, Hobbes !

(3) Depuis lors, **on appelle « prométhéen »** tout projet si ambitieux qu'il finit par absorber ceux-là mêmes qui l'ont élaboré. Si Dieu, malgré son orgueil prométhéen, s'était épargné la création de l'univers, il serait assurément dans une meilleure forme que celle qu'il affiche aujourd'hui.

(4) Non, non, n'insistez pas, je ne dirai rien, même sous la **torture**, même si vous me menacez de m'enchaîner au bout du monde à un rocher pour me faire bouffer le foie vivant par un aigle, par Héraclès !

(5) Base de ce qu'on appelle la « **technique** », **du grec « *technè* »** : « savoir-faire ». Mais ce n'est pas parce qu'on sait faire qu'on sait ce qu'on doit faire. À l'aide des deux mains et de son savoir-faire, d'un peu d'astuce et d'espièglerie, l'*Homo sapiens sapiens* (qu'on appelle ainsi car cela nous ramène au temps où le savoir ne faisait que bégayer) devait réaliser le paradis sur terre, mais à ne pas savoir ce qu'il devait faire, il n'est parvenu qu'à paver l'enfer des meilleures intentions, quoique ce soit avec des techniques de pavement de plus en plus élaborées. Nous voilà donc rassurés : si l'on va tous en enfer, du moins est-ce sur d'excellentes routes et à très grande vitesse.

I comme Intrus

C'était par une nuit d'été, au clair de la lune, on sonna à la porte de l'ami Pierrot.

– Veux-tu bien m'ouvrir, mon ami Pierrot, pour l'amour de Dieu ?

– Je veux bien, quoique je me contrefoute de l'amour de Dieu et que je ne sois pas ton ami, mais dis-moi d'abord qui tu es.

– Je suis un intrus ; au fait, tu as du feu ?

– Non, je ne fume pas, et si tu es un intrus, je ne vais pas t'ouvrir.

– Mais non, tant que je suis dehors, je ne suis pas un intrus, pas encore, il faut que tu me fasses entrer pour que je le devienne ; est intrus celui qui entre sans qu'on le désire. Et puis je ne fume pas, je veux du feu parce que ma chandelle est morte [1].

– Qu'est-ce que tu veux que ça me foute ? Je ne veux pas que tu mettes les pieds chez moi, chandelle ou pas chandelle.

– Dans ce cas – si je n'entre pas –, je ne suis pas un intrus, alors tu peux m'ouvrir sans crainte, d'autant que si t'avais pu me prêter ta plume pour écrire un mot, ça m'aurait bien arrangé…

– Tu te fous de ma gueule ? Va plutôt voir chez la voisine si j'y suis.

– Non, je suis simplement logique. Tant que je reste dehors, je ne suis pas un intrus. En fait, je te demande en me faisant entrer de m'aider à devenir ce que je suis : un intrus ; sois donc accueillant.

– O.K., imaginons que je t'accueille, mais si je le fais ce sera par ma volonté, et si tu entres par ma volonté, eh bien tu n'es plus un intrus.

– Ce n'est pas faux. Alors résumons : soit tu me refuses l'entrée, et alors je ne suis pas un intrus, soit tu l'acceptes, et je ne suis plus un intrus. Me voilà bien, comment pourrais-je devenir un intrus ?

– Eh bien, si tu entrais chez moi contre ma volonté.

– Pour cela, il faudrait que je fasse usage de la force. Mais effraction n'est pas intrusion, ducon. Et si l'intrus est malotru, alors méfie-toi, c'est un truand. L'eusses-tu cru ?

– Tu peux aussi entrer en douceur, en cachette, sans te faire remarquer.

– Mais si je ne me fais pas remarquer, je ne serai jamais un intrus, j'ai besoin du soupçon des autres, de leur regard, pour exister comme intrus.

– Oui, l'intrus c'est celui qui m'empêche de me sentir chez moi, donc il faut que je sois là.

– C'est plutôt l'inverse, c'est celui qui te fait te sentir chez toi, sentir qu'ici c'est chez toi, parce qu'il devrait être dehors. C'est parce que tu fermes ta porte et que tu t'enfermes chez toi que tu t'imagines qu'il y a des intrus, en vérité il n'y en a pas. Il suffit d'ouvrir tous nos portes, nos frontières, nos barrières, pour que les intrus disparaissent.

– Alors il n'y a pas d'intrus[2]...

– Si tu ouvres ta porte, mon ami Pierrot, et que tout le monde en fait de même. Au clair de la lune, ouvrez tous vos portes... (et puis tant que vous y êtes, prêtez-moi vos plumes, ce serait quand même sympa).

– Tu commences sérieusement à m'emmerder. Et toi ? Qui es-tu s'il n'y a pas d'intrus ?...

– Moi, je n'existe pas, et ainsi je deviens ce que je suis : un intrus, puisque les intrus n'existent pas...

Et Pierrot se décida à ouvrir sa porte. Au même moment, il ouvrit aussi les yeux et se réveilla, et il entendit la voix de l'être imaginaire qui lui parlait encore s'évanouir dans sa tête. Son cœur battait très fort et il aperçut juste la lune lui offrir son croissant d'argent, dans son petit clair bien à elle. Pierrot découvrit ainsi une loi essentielle de la mécanique des corps : sitôt qu'une porte s'ouvre, l'intrus disparaît, ou loi de l'universelle hospitalité[3]. Sur cette merveilleuse découverte, il se rendormit sereinement, dans une humeur joyeuse, et il se remit à rêver à la lune, parce qu'il faut dire qu'il ne débordait pas non plus d'imagination, le soleil avait rendez-vous avec elle, mais elle ne le savait pas, elle était là, elle était là et le soleil l'attendait – enfin bref, je ne vais quand même pas tout vous raconter, il faut aussi savoir respecter un tout petit peu l'intimité de Pierrot [4].

Notules pour ma hulotte
Sur Sartre, Protagoras, *Archimède,*
Héraclite et Claude François

(1) Évidemment, quand on a lu ***Protagoras*** **de Platon** ou qu'on a eu la bonne idée de consulter la précédente lettre de cet abécédaire, on comprend vite que le malheureux visiteur n'a pas frappé à la bonne porte : Pierrot, qui est loin de déborder d'ingéniosité, n'est pas non plus Prométhée, et il est assez peu probable qu'il aille s'aventurer jusque dans l'Olympe pour trouver du feu.

(2) Et si **Sartre a affirmé que « l'enfer, c'est les autres »** et, sous-entendu, qu'il n'est donc pas besoin de gril ni de pal (d'ailleurs ce n'est même pas sous-entendu, c'est écrit noir sur blanc), cela signifie que l'intrus, parmi les autres, c'est toujours moi, moi et personne d'autre. Inutile donc de chercher l'intrus. L'enfer, c'est les autres, parce que l'intrus, c'est moi.

(3) À ne pas confondre avec le **théorème d'Archimède** qui dit que sitôt qu'on plonge un corps dans une baignoire, le téléphone sonne, ainsi que le rappelle l'éminent et injustement sous-estimé historien des sciences Pierre Desproges, qui a quand même eu la délicatesse de nous faire rire avant de mourir, non pas, à l'instar de Claude François, en plongeant son corps dans une baignoire (c'est le théorème de Claude : sitôt qu'on plonge un corps dans une baignoire, le téléphone

pleure), mais en ne parvenant pas à se débarrasser de la bête qui le rongeait tant il la faisait rire.

(4) **Héraclite** (cf. « G comme Guerre ») nous rappelle que seuls les éveillés ont un monde commun, ceux qui dorment retournent chacun dans le leur. La vie des endormis est totalement privée, c'est une règle élémentaire de politesse que de ne pas chercher à la pénétrer, au même titre que les endormis eux-mêmes. Je pense donc j'existe, certes, mais je dors, donc vous n'existez plus.

J comme Joie

Eh ben oui, j comme joie, oui je sais c'est idiot, mais oui parlons-en, parlons-en de la joie, oui je dis oui, mais qu'y a-t-il d'autre à dire que oui quand on parle de joie ? Ben oui, parce que la joie c'est rien d'autre que le fait de dire oui, c'est la force de dire oui, et dire oui ça rend joyeux, alors oui vraiment tout va bien, oh oui ! Mais attention, pas n'importe quel oui : pas oui peut-être, oui je veux bien, oui si ça t'arrange, oui après tout, non pas ces oui-là qui sont dits en pensant non, mais un oui sans condition, un oui au carré, un oui tout ouvert, sans aucune consonne possible à l'horizon, un oui béat [1], large et franc, un oui d'un seul jet, un jet d'oui avec un « j » qui répond à l'ordre « jouis » et qui en éclatant se transforme en joie. Et pas un oui à n'importe quoi non plus : un oui à la vie, carrément, elle qui ne nous demande jamais ni oui ni non ; on dira : « lui dire oui c'est facile, puisqu'on ne peut pas lui dire non tout en restant en vie », oui la joie est facile, elle est toujours facile quand elle est là, elle est la facilité du oui, mais c'est la vie qui n'est pas facile, on lui dit oui mais sans envie, elle est jamais facile quand la joie n'est pas là. Et on ne peut pas l'attendre d'un sauveur. Mais si. Bref, il faut se rendre à l'évidence : ce qui rend la vie facile, c'est quand même le plus difficile à atteindre. Et la joie, c'est aussi la joie d'avoir triomphé de cette difficulté, de goûter à l'évidence d'une grâce qu'on se donne à soi-même : ô joie, tu nous sauveras ! Ben oui merde ! Bonjour bonjour les hirondelles, putain de bordel de Dieu, y a d'la joie, dis donc gros cul t'as vu, la tour Eiffel part en balade, ben oui ben oui y a d'la joie ! Oui oui oui, c'est ça la joie, c'est le salut d'une seule affirmation qui éructe comme un volcan et franchit le mur du non à la vitesse de sa lumière. C'est beau un tout petit oui tout petit l'air de rien dans son coin qui vous sauve toute une vie. Et celui qui a des problèmes de oui est sourd, je veux dire sourd à l'appel de la joie comme de la vie tout court. Alors n'écoutez pas ceux qui vous font croire que la joie c'est la vie Auchan, la vie sans matière grasse, la vie à 0 %, qui disent oui mais seulement si ça fait pas grossir, oui mais si ça dure longtemps et en bonne santé, oui pour la vie mais pas oui à la vie... Et attention, joie n'est pas non plus jouissance, même si dans les deux cas on dit oui : le oui de la jouissance est une réponse, un remerciement, un retour, un oui à quelque chose qu'on prend pour soi mais qui vient de l'extérieur (« Tiens, prends ça »), qui ne dépend pas de nous : c'est un « oh oui ! » d'approbation qui s'accompagne généralement d'un « encore » de réclamation[2]. Ces oui de consommation et de satisfaction ne font pas encore des oui d'affirmation et d'exclamation. Eh non. Ben oui. Amen, dit carrément le oui de la joie là où le oui de la jouissance est moins amène. Soit. « Ainsi soit-il » même : le oui de la joie parle à l'optatif[3], celui de la jouissance opte plutôt pour être hâtif. Alors donnons-nous-en à cœur joie, pour une fois disons oui en chœur, oui à la joie et la vie suivra, l'envie peut-être aussi, allons-y : OUI.

Oh non, mieux que ça…

Notules pour ma hulotte

Sur Spinoza, Pascal et Wittgenstein

(1) C'est le b.a.-ba de **Spinoza** que de savoir que la béatitude est le stade suprême de la joie, celle qu'on peut goûter même si l'on n'a pas d'appétit et par laquelle, tiens-toi bien, nous nous saisissons sous le caractère de l'éternité, qui est pourtant très glissante. Et l'on appelle « *beati* » ces croyants bienheureux qui ont tellement dit amen qu'ils en ont gardé la bouche bée, un filet de bave à la commissure des lèvres, le regard bovin et un état de stupeur qui confine à la bêatise. Car attention, si la grâce nous touche de trop près, elle risque fort de nous assommer.

(2) Certains disent, pour signifier aussi bêtement que béatement leur bouillonnement d'ardeur : « **Je jouis.** » Mais il ne faut pas se laisser avoir, c'est faux : tu vas jouir, ou tu as joui, un point c'est tout, eh oui mon p'tit gars, c'est comme ça, jouir ça ne se conjugue pas au présent, il est toujours déjà trop tard. Et quand tu vas jouir, tu espères la joie, mais quand tu as joui, il ne te reste que la tristesse, avoue que c'est quand même un peu idiot. Alors quand tu sens que ça vient, dis plutôt, comme Pascal : « Joie ! Pleurs de joie ! »

(3) Puisses-tu connaître ce **mode de conjugaison** que le français ignore et qui permet de décliner tous les verbes sur le mode exclamatif du souhait, là où le subjonctif semble mettre toutes choses tristement en

suspens ! À titre indicatif, sache qu'il est impératif dans le futur, si tu veux obtenir l'optatif, d'utiliser l'infinitif après le subjonctif du verbe « pouvoir », et ce sera plus que parfait. Si tu crois tout ceci rébarbatif, rappelle-toi que Wittgenstein considérait la philosophie comme la grammaire de la pensée, ce sera roboratif.

K comme Kiki

Il est plus difficile de trouver une notion commune commençant par un « k » digne d'une analyse philosophique que de passer par le chas d'une aiguille afin de gagner le royaume des cieux après avoir fait « mot compte double ». Évidemment, on aurait pu dire « Kant ». Tout irait mieux si dans le dictionnaire des noms communs, juste après l'entrée « Kannara » (qui est, comme chacun sait, la langue dravidienne parlée au Karnataka dans une zone allant de Kozhikode à Kanchipuram en passant par Karikal), on pouvait trouver « Kant ».

Kant : nom masculin. 1) Expression familière désignant un puceau de 80 ans. Exemple : « Oh Pépé, c'est un vrai Kant ! Je ne critique pas sa raison qui a toujours été pure, ni sa faculté de juger qui est restée intacte, mais ses mœurs qui sont quand même restées trop métaphysiques. » 2) Livre dont on sent bien qu'il est particulièrement profond mais auquel on a le malheur de ne rien comprendre : « Tu as lu le bouquin de Deleuze ? Oh, ne m'en parle pas, quel Kant ! » Synonymes :

Deleuze[1], Wittgenstein[2], Lacan[3]. Exemple : « Tu as lu Kant ? Oh, ne m'en parle pas, quel Deleuze ! » Par extension, « rester sur son Kant à soi » : refuser la communication, ne pas vouloir se faire comprendre. Ne pas confondre « rester sur son Kant à soi » avec « mon Kant à moi, c'est toi », qui rappelle que Kant peut facilement vous faire tourner la tête. 3) Brouillard épais, purée de pois. 4) Strudel aux pommes très apprécié du côté de Königsberg, mais un peu lourd, voire étouffe-chrétien : Kant au caramel ou Kant à la crème. 5) Et enfin, Kant, c'est un pic, c'est un cap, une presqu'île, à lui tout seul c'est une contrée philosophique, c'est une fédération de trois grandes régions autonomes, appelées « Critiques » : la raison pure, la raison pratique et le jugement, chacune divisée en autant de kantons : esthétique, analytique, dialectique, divisés en autant de collectivités locales : catégories, concepts et principes. Mais dans cette belle contrée, vers le cap de Kant, il règne toujours un brouillard épais. « J'ai pris ma voiture, mais j'ai été surpris par un gros Kant. »

Seulement voilà, si le kantisme et les kantiens sont entrés dans la langue commune, Kant n'en est pas moins resté propre.

Alors laissons Kant avec un K, qui, c'est acquis, en aucun cas n'est un coco comme tous ces gugusses qui écrivent du caca à gogo, voire en kit ou en stock (Kant qui est même le dada de bibi), mais parlons plutôt du kiki (sans être cucu ni olé olé, attention).

Oui, revenons à l'essentiel : malgré l'homophonie, le kiki n'est pas le zizi ; exemple : mon petit frère a un zizi, alors que moi Zaza je n'en ai pas, mais j'ai bien un kiki (oui, les femmes ont un kiki comme tout le monde). Selon le dictionnaire du très fameux professeur Froeppel[4], le kiki est un organe situé à un endroit quelconque entre les clavicules et les maxillaires. D'où « serrer le kiki » : étrangler. Le kiki est devenu un organe philosophique en 1980, année fort peu érotique où le philosophe Louis Althusser a eu l'idée saugrenue de serrer un peu trop fort le kiki de son épouse, au point de la priver de quelque chose d'essentiel pour pouvoir encore desserrer l'étreinte de son mari : la vie (cf. « V comme Vivre »). Elle eut à peine le temps de dire : « Ahl tu sers trop fort Louis », « Althusser, oui c'est moi », répondit-il, indifférent à l'agonie de son épouse. Lui au moins, il ne manquait pas d'air. Je ne m'étendrai pas sur cette anecdote tragique qui montre que, malgré leur légendaire détachement, l'amour des philosophes peut s'avérer étouffant. Un tel amour est pire qu'un Kant, c'est carrément un étouffe-chrétien, voire un attrape-kiki.

Non, soyons sérieux, on ne peut quand même pas rire avec ces choses-là. Comment un éminent professeur de philosophie, membre thuriféraire de l'École normale tout à fait supérieure, comment ce noble caïman a-t-il pu planter ses crocs dans le kiki de sa belle Hélène sans coup férir (non, ça ne me fait pas rire), dans un geste qui semble parachever symboliquement vingt-cinq siècles de misogynie philosophique ? Qu'est-ce à dire ? Qu'on ne pourrait à la fois désirer la sagesse et sa femme ? Il faudrait demander à Socrate, qui a toujours laissé Xanthippe[5] à la maison quand il s'agissait de sortir accoucher les esprits ou boire un verre de ciguë avec ses copains. Ou plus encore à Kant justement, qui n'a jamais eu le plaisir d'effleurer du bout de ses doigts fins l'épiderme d'un corps féminin, sans quoi il n'aurait pu accoucher de ses trois grandes critiques. Alors laissons le kiki et revenons à Kant. Précisément, je lui ai demandé, à Kant, pourquoi cette misogynie des philosophes, un jour que je le croisai sur la route des vacances (j'étais sur une aire de repos éternel) :

– Dis-moi, Immanuel, pourquoi cette misogynie des philosophes ?

– Comment ? Je n'entends pas, la masturbation rend sourd.

– Je demandais juste : pourquoi la…

– Mais non je blaguais, j'ai parfaitement entendu ; je peux quand même m'autoriser deux-trois blagues pendant mes heures de repos : la masturbation n'a jamais affecté les facultés auditives.

– Arrête de blaguer, s'il te plaît, Immanuel, je suis sérieux…

– Oh, excuse-moi, je ne m'en suis pas rendu compte : une intuition sans concept est aveugle. Ah ah ! Bon allez, j'arrête de déconner, qu'est-ce que tu voulais savoir ?

– Pourquoi les philosophes sont-ils misogynes ?

– Mais les philosophes n'ont jamais été misogynes, ce sont juste les misogynes qui ont une tendance à devenir philosophes, ce qui fait que ça va souvent ensemble…

– Et les femmes ?

– Quoi les femmes ? Tu veux savoir pourquoi elles deviennent misogynes ?

– Non, pourquoi elles ne deviennent pas souvent philosophes ?

– Parce que le misogyne devient philosophe pour mieux empêcher la femme de l'être. Bon allez, laisse-moi reprendre ma route, j'ai encore deux critiques à écrire : de la raison politique et du jugement historique. Je n'ai pas envie que la postérité s'interroge pendant des siècles sur les œuvres que je n'aurais pas pu écrire. Alors cesse de m'emmerder avec tes questions.

– Pardon, Immanuel.

J'ai repris ma route dans un épais brouillard en me demandant ce que le kiki pouvait quand même bien avoir à faire dans tout ça, tout en rêvant de déguster un strudel aux pommes dans un café de Königsberg.

Notules pour ma hulotte

Sur Deleuze, Wittgenstein, Lacan, Froeppel et Xanthippe

(1) **Gilles Deleuze (1925-1995)** est un philosophe français qui a décidé un beau jour de se tuer pour éviter d'avoir à mourir, tant il aimait la vie, ce qui malgré les apparences n'est pas non plus complètement aberrant. Lui qui voulait croire à la puissance infinie du désir a quitté ce monde quand il a compris qu'il ne pourrait plus rêver de mille et une nuits suivies d'autant d'aurores nouvelles où l'on pourrait déguster mille et un pantagruéliques petits déjeuners servis sur mille plateaux.

(2) **Ludwig Wittgenstein (1889-1951)** n'a jamais eu de chance. Il a fait plusieurs tentatives de suicide qui, malgré sa persévérance, n'ont jamais été couronnées de succès – au contraire de ses deux frères dont il a toujours été jaloux, au point qu'il est devenu la risée de ses collègues d'Oxford (« Alors, Wittgenstein, toujours pas suicidé ? » lui lançait le facétieux Bertrand Russel) puis qu'il a fini par affirmer sous le coup du dépit : « La mort n'est pas un événement, la mort ne peut pas être vécue. » Il faut dire à sa décharge que le malheureux Ludwig a partagé les bancs de l'école avec le petit Adolf Hitler.

(3) **Jacques Lacan (1901-1981)**, psychiatre, psychanalyste, philosophe, tous corps d'état, a retenu de sa formation de psychiatre que la folie n'est pas non

plus le monopole des gens normaux (cf. « F comme Folie »). Et en plus, Jacques a dit : « L'inconscient est dans le langage, bande de petits crétins », et du coup tous les petits crétins qui jusque-là pensaient comme Freud que l'inconscient se forme plutôt à la racine du kiki, se sont mis à suivre Jacques comme un seul homme. Mais ils se sont aussitôt perdus dans le labyrinthe de ses pensées tandis que Jacques, lui, les attendait vainement à la sortie en s'impatientant : « Mais vous serez là quand ? »

(4) **Le professeur Froeppel** est un philosophe et linguiste notoirement inconnu, qui n'enseigna jamais et n'écrivit presque rien, ce qui est tout à son honneur, et dont les pensées furent fidèlement retranscrites par son seul et unique disciple, le dramaturge et poète Jean Tardieu (cf. aussi « F comme Folie »). Sa vie dont tout le monde ignore tout, a duré un certain temps et a été suivie de près par sa mort, dont la soudaine survenue nous est rappelée par cette émouvante épitaphe : « Il a fait couic. Le gaga au tic-tac dans son dodo lui serra le kiki. »

(5) Attention, **Xanthippe** est bien la femme de Socrate et non sa voiture.

L comme Là

On a beau faire, nous sommes tous *là*. Qui peut me dire le contraire ? Regardez, vous êtes tous *là* – et je vous en félicite. On aura beau faire, on y restera, *là*. Mais qu'est-ce que ça veut dire exactement : *là* ? Déjà, *là* ça n'est pas aussi précis qu'ici, c'est plus vaste. *Là*, c'est ici avec son agglomération, mais c'est aussi *là*-bas si on peut le voir d'ici. Donc c'est quand même très difficile de dire où *là* commence et où il s'arrête exactement. Alors qu'*ici* est toujours *là* quand on le cherche. En outre, ici n'a qu'un bas : ici-bas, alors que *là* a un haut et un bas, qui sont déjà très loin d'ici : *là*-haut et *là*-bas. Le bas d'ici est juste à ses pieds, alors qu'il faut descendre longtemps avant d'atteindre le bas de *là* : on ne peut pas aller *là*-bas en un instant. Je ne parle même pas de *là*-haut : le haut de *là* est si loin qu'on l'appelle parfois l'au-delà. Et en même temps, *là*, bizarrement, c'est aussi extrêmement limité : si tout le monde change de place, chacun restera quand même *là* où il est, c'est-à-dire le plus souvent : ici. Être *là*, c'est notre triste condition à tous quoi qu'on fasse, c'est pourquoi on en est tous un peu las et qu'on traîne notre être-là en attendant l'au-delà [1]. Alors on rêve tous d'aller ailleurs, mais ailleurs c'est *là*-bas, donc c'est peut-être pas ici mais c'est toujours *là*.

Quand j'étais petit, je me disais : un jour j'irai *là*-bas, j'irai même voir *là*-bas si j'y suis. Mais on m'a dit : « Mais non, ça ne sert à rien, tu ne seras pas du tout dépaysé [2]. » Pour ne plus rester *là*, il faut aller plus loin que *là*-bas, il faut aller tout *là*-haut et même carrément au-delà. Je me suis renseigné : il y a bien des passeports pour l'au-delà mais pas de garantie de retour. En tout cas, jusqu'à nouvel ordre, personne n'en est revenu. Il est probable que certains ont essayé de revenir ici-bas, mais ils ont dû rester coincés *là*-haut. Peut-être même qu'ils nous entendent de *là*-haut : oui, c'est connu, le son monte, alors que nous en bas, on n'entend rien, ils ont beau crier qu'ils n'arrivent pas à revenir de *là*-haut, nous, ici-bas, on n'en a pas l'écho. Si au moins on savait comment on est arrivés *là*, on pourrait peut-être savoir comment y revenir une fois qu'on l'a quitté. Mais vous savez, vous, pourquoi vous êtes *là* et comment vous y êtes arrivés ? Non, personne ne sait, on a visiblement été jetés *là* sans raison, c'est peut-être même une erreur, mais personne n'est venu nous récupérer. Alors on est obligés de rester *là*, tout étonnés d'y être, on y est arrivés tout ébouriffés, pas du tout préparés, et à partir de *là*, il a fallu s'y habituer. Tout ce qu'on a pu faire, c'est pousser un grand cri en arrivant : « Mais qu'est-ce que je fais *là* ? » Oh, on s'est bien risqués à demander deux-trois fois pourquoi, mais comme on ne pouvait demander qu'à ceux qui étaient déjà *là*, ils n'en savaient pas plus. Mais les plus anciens ont voulu nous rassurer : « Tu sais, c'est bien d'être *là*, il y a de la lumière quand même, ailleurs c'est obscur, au-delà il y a même des trous noirs. » Et quand on leur demandait : « Et quand tu ne seras plus *là*, tu seras où ? », ils nous répondaient gentiment : « Oh, rassure-toi, quand il n'y a plus de place ici-bas, on nous en fait toujours une *là*-haut, mais je resterai quand même un peu *là* si tu me gardes une place dans ton cœur[3] », et nous les petits nous nous disions : « C'est embêtant quand même, et quand il n'y aura plus aucun cœur ici-bas pour garder un peu *là* ceux qui sont *là*-haut ? » Mais les anciens avaient réponse à tout parce qu'ils ont toujours été très gentils avec les plus petits dont ils ont quand même besoin pour être sûrs d'avoir un cœur qui sera toujours *là* pour eux quand eux n'y seront plus : « Quand il n'y aura plus personne, eh bien on n'aura plus aucune raison de rester *là*, on ira enfin définitivement au-delà, de l'autre côté, pour découvrir enfin par quel chemin on s'est tous retrouvés *là*. » Finalement c'est une chance de ne pas savoir pourquoi on est *là* : ça nous oblige à inventer des histoires extraordinaires pour expliquer cette inexplicable présence[4].

Notules pour ma hulotte

Sur Heidegger, Husserl et Pascal

(1) Comme c'est un peu lourd à porter, on préfère curieusement s'intéresser à ce qu'il y a autour plutôt qu'à là même où nous gisons. Ce que le philosophe **Martin Heidegger** déplore, nous invitant à retrouver un tout petit peu le site que nous habitons et à batifoler dans la clairière de l'être plutôt que de vouloir absolument partir au loin faire du tourisme. L'être-là (le *Dasein*) que nous sommes tous est quand même l'être par qui il y a de l'être, boudiou !

(2) C'est même **Edmund Husserl** qui m'a dit cela, enfin je simplifie car je n'ai pas réussi à saisir immédiatement ses propos, qu'il s'est contenté de me laisser en suspens après une rapide mise entre parenthèses de sa conscience naturelle – quel manque de délicatesse, quand même ! – et que je me permets de vous retranscrire ici plus fidèlement : « Dans ma sphère primordiale, mon corps, se rapportant à lui-même, est donné sur le mode du *hic* ; tout autre corps – et aussi le corps d'autrui – dans celui de l'*illic.* » Le seul hic, c'est qu'on ne comprend pas forcément illico, il faudrait pour cela que je puisse aller voir là-bas (*illic*), dans l'esprit de Husserl, si moi qui reste ici (*hic*) je peux y être aussi.

(3) C'est très certainement ce qu'a voulu dire **Pascal**, qui aimait beaucoup ses grands-parents, quand il a affirmé : « Le cœur a ses raisons que la raison

ignore. » Car la raison est calculatrice, elle veut prendre les mesures du cœur pour savoir combien de place il reste, là où le cœur voudrait pouvoir accueillir même ceux-là qui n'ont pas réservé leur place. Du coup, ça fait un peu mal au cœur de savoir que Pascal était un as du calcul.

(4) Sinon, évidemment, vous pouvez toujours lire **Heidegger** pour apprendre dans *Chemins qui ne mènent nulle part* que nous avons été jetés là sans raison. Oui mais par qui ?

M comme Mort

Euh, on passait un bon moment, mais j'ai une mauvaise nouvelle : nous allons tous mourir. J'en ai aussi une bonne : pas tout de suite. C'est vrai qu'on pourrait aussi bien dire, pour être quand même tout de suite positifs : tous autant que nous sommes, nous n'allons pas mourir tout de suite. Nous allons tous mourir. Ah oui, quand ? Oh, pas tout de suite. D'ailleurs, personne ne va mourir tout de suite. C'est même une des caractéristiques les plus fondamentales de la mort : ce n'est pas quelque chose qui arrive tout de suite. Bien sûr ça arrive, ça n'a même jamais rien fait d'autre qu'arriver… mais pas tout de suite. Évidemment le gag, ce serait que tout de suite après avoir dit que je n'allais pas mourir, tout de suite pouf je meure ; ce serait drôle, mais ce n'est pas parce que les choses sont drôles qu'elles sont possibles. C'est même une autre caractéristique fondamentale de la mort : il est absolument impossible qu'elle arrive tout de suite après qu'on a dit qu'elle n'arriverait pas tout de suite.

Caractéristique moins souvent observée que la première (nous n'allons pas mourir tout de suite). Et pourtant d'une importance capitale [1]. Car elle nous donne quand même une clé pour échapper à la mort : il suffit de répéter sans cesse toute sa vie et sans interruption : « Je ne vais pas mourir tout de suite », pour être sûr de ne pas mourir. C'est suffisant, mais ce n'est pas évident à réaliser. Le philosophe Émile Coué a essayé cette technique, mais sur la durée cela n'a pas très bien fonctionné : il a fini par se dessécher, par s'abîmer les cordes vocales, par perdre la voix puis la mémoire en prenant de l'âge, et par mourir un beau jour qu'il était en train de se demander intérieurement : « Mais qu'est-ce que je viens de dire ? » Ce sont les effets pervers de la méthode Coué [2].

C'est quand même drôle que la mort finisse par arriver alors qu'elle n'arrive jamais tout de suite ; c'est le principe même de l'humour : ce qui fait le plus rire, c'est ce qui tombe au moment où on l'attend le moins [3]. La mort n'est pas la grande faucheuse, c'est la grande blagueuse ; son but c'est de trouver une blague encore plus réussie que la vie : c'est quand même particulièrement drôle de mourir quand on voit tous les efforts qu'on met à vivre. Et pourtant ça ne fait pas tellement rigoler ; la mort fait même partie de ces blagues ratées qui ne font rire que le blagueur alors que les autres trouvent ça plutôt affligeant. La mort se donne peut-être des grands airs, mais au fond elle est très con. C'est dommage, ce serait quand même plus drôle si on éclatait de rire pendant les enterrements et que tout le monde pouffait dans les cimetières. « – Tu connais la meilleure ? Paul est mort hier. – Non, tu veux rire ? – Si si, je t'assure… » Mais ça ne peut pas se passer comme ça, ce n'est pas la faute des gens, ils seraient bien disposés à rire, mais la mort ne fait rire qu'elle-même, personne ne comprend son humour. Alors elle réessaie à chaque fois avec d'autres, en espérant qu'un jour on la comprendra. C'est la chute qui est mauvaise, il suffirait d'imaginer une autre fin : par exemple, le mort qui se relève le jour même de son enterrement en criant « poisson d'avril », ou bien l'envoi d'une petite lettre de condoléances : « Bonjour, les amis, ça y est, je suis mort, mais rassurez-vous je vais très bien, venez quand vous voudrez, de toute façon moi je ne bouge pas, je ne bouge plus du tout même, je vous attends. » La chute est mauvaise parce qu'elle manque de vie, il n'y a pas de vie après la mort, et c'est pourtant ça qui serait de loin le plus drôle, que la mort nous rende la vie ou qu'elle soit un passage vers une autre vie. Mais seule la vie est un passage, là où la mort est une impasse ; si la première se termine en queue de poisson, la deuxième n'est malheureusement pas un poisson d'avril. La mort n'a jamais bien compris la vie, elle ne sait pas s'y prendre avec elle, elle manque cruellement de délicatesse et d'éducation[4], elle n'a jamais su comment se présenter correctement et faire bonne figure dans une vie qui, elle, jouit de tous les égards et de tous les honneurs, il ne faut pas lui en vouloir, la vie c'est pas son fort. Même les morts-vivants, c'est toujours plus mort que vivant, ça ne ressemble à rien, et en plus ça ne s'entend pas très bien avec les vrais vivants. Ce n'est pas vraiment la vie qu'on a tous rêvé d'avoir, même si l'on a parfois envie de bouffer son prochain. Bref, pour le moment il n'y a pas grand-chose à attendre de la vie après la mort, il y a beaucoup plus de possibilités dans la vie avant la mort. Car la voilà la vraie bonne nouvelle : il y a une vie avant la mort. Évidemment, cela reste une thèse qu'on ne peut pas démontrer de manière absolument certaine et qui ne s'applique pas non plus nécessairement à tout le monde. Mais comme nous n'allons pas mourir tout de suite, je vous le rappelle, on peut quand même prendre le temps de rigoler un bon coup de cette excellente blague : aussi longtemps que nous ne sommes pas morts, nous sommes en vie. Car on aura beau la retourner dans tous les sens, de la mort il n'y a pas de quoi rire – et encore moins mourir de rire.

Notules pour ma hulotte

Sur Coué, Schopenhauer, Bergson et Pierre Dac

(1) Il est quand même étonnant que la philosophie qui, depuis des siècles, est tantôt là pour nous **apprendre à vivre**, tantôt à mourir, tantôt aussi pour nous rappeler que c'est la même chose, et tantôt enfin pour nous signifier que ça ne s'apprend pas, ne soit jamais parvenue jusqu'à la formulation de ce principe fondamental pour penser la mort, ce principe qui sera donc la seule chose valable que je lèguerai à la postérité avant de mourir (mais pas tout de suite) : « Il est rigoureusement impossible de mourir tout de suite après avoir dit qu'on n'allait pas mourir tout de suite. » Quand on aura enfin compris l'importance de ce principe, je pourrai assurément mourir tranquille tout de suite après.

(2) Si tu es tenté par la pensée positive d'**Émile Coué**, dont tu trouveras un modèle symétriquement inverse dans le pessimisme d'Arthur Schopenhauer (cf. en particulier « S comme Souffrance »), il te faudra d'abord répondre à la question philosophique suivante : « Peut-on se mentir à soi-même ? » Si tu trouves en toute bonne foi, sans solliciter aucunement l'aide de ton inconscient, des arguments justifiant une réponse indubitablement positive, alors tu pourras commencer à t'appliquer à toi-même le principe fondamental de toute

la méthode Coué, dont dérivent tous les autres : tous les jours et à tous points de vue, je vais de mieux en mieux.

(3) Cf. ***Le Rire* de Bergson**. Le décalage entre l'attendu et le réel est le fondement même du comique. Par ce sens aigu du décalage, la mort devrait être la mère de tout ce qui est drôle, comme la guerre est le père de toutes choses (cf. « G comme guerre »). Tous deux font d'ailleurs si bon ménage qu'à la guerre tout le monde s'éclate, et en plus à la queue leu leu, que ce soit à cause des gaz hilarants ou des explosions de joie sous les salves d'applaudissements de ceux à qui il reste des bras. D'ailleurs chacun sait que les poilus étaient ainsi appelés parce qu'ils n'arrêtaient pas de se poiler et qu'ils sont même morts de rire pour la patrie.

(4) La preuve en est, comme le rappelle très pertinemment l'illustre moraliste et philosophe contemporain **Pierre Dac** (qui figurera bientôt dans la liste des auteurs au programme de philosophie en terminale, je travaille avec ardeur à convaincre de cette nécessité la très honorable, très haute, très sérieuse et très irréprochable société des agrégés de philosophie au même titre que la très infaillible inspection académique, l'idée fait sûrement son chemin) qui a eu lui-même l'indélicatesse de mourir malgré tout (ce qui lui donne quand même une chance supplémentaire de figurer au programme de philosophie), la preuve en est donc, selon lui, que les morts manquent de savoir-vivre.

N comme Noumène

Les Allemands sont des gens un peu compliqués, parfois même torturés – quand ils ne deviennent pas à l'occasion torturants [1]. Ils veulent absolument qu'il y ait des choses derrière les choses. Ils ne se satisfont pas de ce qui est là : il y a les choses telles qu'elles nous apparaissent, mais il y a aussi les choses en elles-mêmes, et ce n'est pas la même chose, disent les Allemands quand ils sont philosophes, et encore plus quand ils s'appellent Emmanuel Kant. Tout ce qu'on voit, les choses telles qu'elles nous apparaissent, telles qu'on peut les connaître, tout cela ça s'appelle « phénomène [2] ». Mais les choses telles qu'elles sont en elles-mêmes, cela s'appelle « noumène ». Noumène est synonyme de « chose en soi ». Comment vous dire ? Le noumène, c'est la chose telle qu'elle est mais indépendamment de la manière dont elle nous apparaît, ce qui en reste une fois que nos cinq sens en ont fait le tour. Qu'est-ce qu'il en reste ? Eh bien, pour le savoir, il faudrait que cela nous apparaisse – et ce qui nous apparaît est nécessairement phénomène : on est bien barrés… Nous, nous vivons tous et tout le temps, aussi longtemps que nous sommes en vie, parmi les seuls phénomènes, dans un écrin moelleux de phénomènes multiples et chatoyants, dans le confort tranquille de choses visibles et utilisables, tandis que les noumènes vivent entre eux, sans nous même, complètement en autarcie, dans le monde froid de l'imperceptible, sans personne pour s'y intéresser, dans un immense noumène's land.

Je crois qu'il est nécessaire de fournir un exemple : prenez une chose au hasard, je sais il y en a beaucoup, ce n'est pas facile, mais prenez une chose qui se prend, et tout ne se prend pas, or le type par excellence de la chose même qui se prend, c'est la chaise, qui est quand même l'une des choses qui se prend le plus avec la porte. Remarquez, si l'on prenait la porte, on verrait peut-être où ça nous mène… Bon, une fois que vous l'avez prise la chaise, ne vous asseyez surtout pas, mais essayez de me dire un peu ce que c'est qu'être une chaise. Eh bien, vous aurez beau la décrire sous tous ses aspects, vous n'en saurez pas plus sur ce qu'elle est, je veux dire la chaise en elle-même, telle qu'elle existe en soi, pas pour nous, pour nos sens et nos fesses, et notre conscience et nos petits doigts fins, non la chaise en soi, entre nous on ne peut rien en dire. Chacun sa place : elle en soi, nous entre nous. Et si je n'avais pas peur des mauvais jeux de mots, je vous dirais sans ambages que la chaise en soi on peut toujours s'asseoir dessus.

Mais malheureusement j'en ai peur et j'ai des ambages, donc je ne vous le dirai pas. Tant pis.

Bref, la chaise en soi n'a rien à voir avec la chaise pour nous. Enfin, quand même, soyons sérieux ! La chaise en soi, on ne l'utilise pas, on ne la perçoit pas, elle n'est pas un objet pour nous, elle vit sa vie, sa vie de chaise bien à elle, avec sa manière bien à elle d'être présente, se tenant là sur ses quatre pieds, nous attendant dans l'ombre sans qu'on le sache, prête à surgir pour qu'on y pose nos fesses, la plupart du temps droite et fière, se sachant indispensable, méprisant son petit frère tabouret autant que le vieux fauteuil qui ronronne au salon ; nous, nous ne sommes pas trop regardants avec les chaises, mais elles, elles nous regardent impassiblement dans leur coin, tout à leur être de chose et de chaise, elles nous observent et nous attendent, elles ne bougent pas, mais elles nous connaissent et nous sentent, déjà habitées par nous, pleines d'une vie secrète. Et je vous assure, avant que vous n'arriviez, toutes les chaises étaient là, bien alignées, elles vous attendaient, elles n'ont pas bougé, ça a quelque chose d'effrayant, c'est incroyable, elles avaient l'air de parfaitement savoir que ça n'allait pas tarder, que vous arriveriez et que vous auriez besoin d'elles [3].

Il arrive parfois aux artistes, aux peintres en particulier, de saisir quelque chose de la chose en soi, du noumène qui perce parfois dans le phénomène ; on ne sait pas trop comment ils font, ils ont peut-être un sixième sens ou une perceuse à phénomènes qui font des trous dans les apparences pour voir où ça nous mène [4]. Van Gogh, par exemple, a peint des Souliers mais en soi, ou des Tournesols en soi (c'est pour ça aussi que ça coûte beaucoup plus cher que les souliers ou les tournesols pour nous, beaucoup plus communs), et Andy Warhol a même justement réussi à peindre une chaise en soi, une chaise électrique même, et là il vaut vraiment mieux qu'elle ne soit pas pour nous. Mais elle n'en a pas moins l'air de nous attendre et de savoir ce qu'elle veut… Et si vous voulez vraiment en savoir plus, allez voir *Les Chaises* de Ionesco : pour la première fois, avec lui, les chaises deviennent actrices, en elles-mêmes et pour elles-mêmes.

On dit que les œuvres de ces artistes sont phénoménales, mais on a tort, elles sont en vérité nouménales, car elles nous mènent au secret caché des phénomènes. Alors bon voyage !

Notules pour ma hulotte

Sur héautontimoroumenos, *phénomène et génie*

(1) Le poète **Charles Baudelaire** a donné un nom – dont je t'informe avant tout pour que tu puisses travailler ton élocution – à cette maladie typiquement germanique qui consiste à devenir torturant quand on est un peu trop torturé : *héautontimoroumenos.* Mais Baudelaire parlait de la tendance à être pour soi-même son propre tortionnaire, et il a été compris de travers par les néo-romantiques allemands de la première moitié du XXe siècle qui se sont avant tout attachés à torturer les autres avec une touchante délicatesse, n'oubliant jamais, afin de se mettre du cœur à l'ouvrage et de couvrir les nuisances sonores à la longue un peu pénibles, d'agrémenter leur activité d'une petite musique de Wagner ou de l'hymne à la joie de Beethoven. Ah, les petits coquins !

(2) **« Phénomène » vient du grec « *phaïnomènon* »** : qui brille tellement qu'il faudrait vraiment être aveugle ou ne pas vouloir y mettre du sien pour ne pas le voir, exemple : le nez au milieu de la figure, pour prendre un phénomène au pif ; alors que « noumène » vient du grec « *nouménon* » (ça, on pouvait quand même s'en douter), qui signifie que l'essentiel est invisible pour les yeux, exemple : aucun, forcément.

(3) On ne trouvera pas parmi les êtres humains quelqu'un d'aussi serviable qu'**une chaise** : soit elle est

occupée et elle remplit son office, soit elle est libre et elle est donc disponible pour le service. Curieusement, aucune chaise ne s'est encore à ce jour dérobée de son plein gré à son emploi, même dans une cour d'assises. Cette manière de se tenir imperturbablement dans leur être-là (cf. « L comme Là ») retourne dans un mouvement dialectique le service des chaises en aliénation des hommes (on comprendra plus aisément la dialectique de la chaise et de l'arrière-train que celle, plus obscure, du maître et de l'esclave issue de la phénoménologie de Hegel) qui finissent tous par avoir besoin d'elles : là où l'on croit la chaise au service de notre assise sur le monde, elle nous rappelle un beau jour, et Montaigne avec elle, qu'au plus haut trône du monde on n'est jamais assis que sur notre cul. Alors restons zen (du japonais « *zazen* » : « être assis », cf. « Z comme Zen »).

(4) **Kant** ne s'est quand même pas foulé quand il s'est agi d'expliquer par quelle technique les artistes parviennent à aller au-delà des phénomènes : il n'y a pas de technique, nous dit-il, seul le génie donne ses règles à l'art. Et pour nous, le génie ça se reconnaît comment ? Eh bien, pour nous ça ne se voit pas, ça n'existe qu'en soi, c'est insaisissable... Le moins qu'on puisse dire dans cette affaire est qu'Emmanuel est quand même resté sur son Kant à soi (cf. « K comme Kiki »).

O comme Oubli

Regardez bien droit une vache dans les yeux, et observez attentivement (vous pouvez aussi essayer avec Brigitte Bardot ou Henri Leconte, mais c'est moins évident d'en avoir immédiatement sous la main) : du fond de son regard, la vache veut vous adresser un petit mot, elle est sur le point de vous parler, on sent clairement qu'elle désire évoquer avec vous l'heureuse simplicité de son existence, le bonheur de brouter et de ruminer dans une inébranlable égalité d'humeur, sans crise d'angoisse ni phase dépressive, en se contrefoutant de l'abattoir où s'achèvera un beau jour son innocente vie bovine, oui elle veut vous dire tout cela, vous le voyez bien, et cela vous émeuh, vous sentez qu'il y a quelque chose de fondamental à apprendre d'elle, une leçon de vie et de bonheur, c'est écrit là au fond de ses yeux, mais au moment même où elle veut vous dire tout cela, où elle voudrait ne serait-ce que rire (mais on ne trouve malheureusement plus de vache qui rie) ou dire son oui à la vie qui est la sienne, en ce moment même elle oublie ce qu'elle voulait vous dire, et cela se voit aussi, son regard est plein du désarroi et du vide de l'oubli, rien ne reste fixé dans son esprit de vache [1], tout glisse, tout patine, tout passe, tout casse, tout s'efface, et ce qu'elle voudrait surtout vous dire mais qu'elle oublie aussitôt, c'est justement que cet oubli c'est ce qui fait son bonheur spécifiquement bovin, ce bonheur qu'elle partage à vrai dire avec presque tous les animaux de la création excepté ce malheureux mammifère sans poils, ce triste bipède sans plumes que la nature a doué d'une faculté qui le rend, lui, peu doué pour le bonheur : la mémoire, cet étrange animal qu'on appelle « homme [2] ».

Ainsi, même si la vache paraît folle, elle a une vraie philosophie – c'est la pensée-vache – et c'est bien pour cela qu'elle est sacrée : « Pauvre petit homme, dit en substance sa philosophie (mais pas la vache elle-même, car je vous rappelle qu'elle a oublié qu'elle voulait vous dire tout ça au moment même où elle veut vous le dire), tu es incapable d'oubli, pour ton plus grand malheur, tu retiens tout, et quand ça ne tient plus dans ta tête, ça passe dans ton corps, ça fait des rides et des tics, ça te creuse et ça te courbe, ça fait des névroses et ça enrichit les psys, ça te fait aussi te souvenir que tu es mortel, ce qui ne sert absolument à rien, et même que tu as oublié, cela tu ne l'oublies pas, sinon tu ne dirais pas "j'ai oublié" ; bien sûr, toi aussi, comme moi, tu rumines – parfois tu broutes, mais c'est plus rare et c'est surtout les autres que tu broutes –, mais tu rumines le passé et, résultat, tu n'arrives pas à digérer, tes regrets, tes remords, tes ressentiments te rongent, petit homme, et c'est désagréable, car la première chose que tu retiens, c'est que le temps est irréversible – et pardonne-moi d'être un peu vulgaire, mais ça, ça fait mal au cul, fût-il celui d'une vache ; alors que moi, vache, je ne retiens rien, c'est merveilleux, je ne sais pas qu'un train peut en cacher un autre, d'où le plaisir à les regarder passer, moi vache je suis car j'oublie, car je ne retiens pas, car je ne pense pas, moi ma vie est littéralement sans histoire, forcément ; en un mot comme en cent, être bovin, c'est vachement chouette – oui, je sais, c'est pas terrible comme blague, mais je m'en moque, car j'ai déjà oublié, alors je ne peux pas avoir peur du ridicule, contrairement à toi, petit homme. *Bovino ergo sum*[3]. »

Alors l'oubli, le vrai, c'est quoi pour l'homme ? Est-ce que c'est seulement possible ? L'oubli, c'est un fleuve qu'on ne traverse qu'après notre dernier soupir[4] (attention, pas de confusion, n'empruntez pas pour autant le pont des soupirs, sinon vous passerez par-dessus le fleuve de l'oubli), un fleuve qui nous lave de tous nos souvenirs et dont on ressort assez souvent en vache, si du moins on ne s'en est pas souciés un peu avant. C'est pourquoi je vous recommande d'ailleurs d'être un peu prévoyants, et plutôt que de perdre toute votre énergie à avoir inutilement peur de la mort, essayez de préparer un tout petit peu votre réincarnation et pensez à réserver votre place, c'est le type de voyage pour lequel on trouve de moins en moins d'agences alors qu'il s'agit pourtant de la très grande vacance, car à la sortie du fleuve, attention, tout dépend des places disponibles, alors si vous ne vous êtes pas renseignés avant, il ne faut pas s'étonner de se retrouver vache, ou pire, ver de terre ou poulpe, voire mouche à merde, ne me dites pas ensuite que je ne vous aurai pas prévenus. Quant à nos souvenirs, quand ils sortent du fleuve sans plus aucune âme à occuper, ils sont frottés, secoués (pour que la pulpe remonte), découpés en morceaux et redistribués au hasard, sans avoir besoin de faire le moindre don d'organe, dans les âmes de malheureux nouveau-nés qui n'ont rien demandé à personne. D'où l'impression de déjà-vu lorsqu'on reconnaît le pré dans lequel on a gardé les vaches. Et pendant ce temps, nous, coupés de tous nos souvenirs, on se la coule douce, tranquilles au fond d'un pré, réincarnés en vaches, heureux et insouciants, avec notre petite philosophie qui nous servira de viatique pour l'abattoir. Cela dit, les vaches oublient tout sauf une chose, qu'elles ont été hommes, et c'est surtout cela qu'elles veulent dire à l'homme quand elles le regardent dans les yeux mais qu'elles oublient aussitôt. Alors que les hommes se souviennent de tout mais oublient qu'ils ont été vaches, parce que ça les arrange. Alors je vous demande un peu, avec la ruralité d'usage : mais où c'qu'elle était donc passée la vache qu'était en nous ? Eh ben, s'tait cachée. Non, ne soyez pas vache, oubliez ce que je viens de vous dire.

Notules pour ma hulotte

Sur l'âne de Buridan, Nietzsche, Léthé et la grosse Renée

(1) **L'étymologie du mot « vache »** (du latin « *vacca* », qui vient de « *vacans* » : « vide ou disponible », et du verbe « *vacare* » : « être libre ») nous rappelle, s'il y a lieu, que l'esprit de la vache, sans être vide – car si la nature n'a pas horreur des vaches, la vache, elle, a horreur du vide –, souffre d'un excès de disponibilité qui lui confère une liberté radicale identique à celle que Descartes appelait « indifférence », qui la rend incapable de choisir entre deux biens identiques. Si l'âne de Buridan en périt, la vache, elle, préfère brouter.

(2) C'est probablement **Nietzsche** qui a le mieux compris le problème, lui qui aimait tant les vaches qu'il leur a demandé pardon pour Descartes (cf. « C comme Corps »). L'oubli, c'est la condition du bonheur, et la mémoire, la condition pour s'en rendre compte ; autrement dit, pour être heureux, n'oublie pas d'oublier !

(3) Version bovine du **cogito de Descartes**, dont la légende dit qu'elle aurait bien pu être prononcée par la grosse Renée, une vache tourangelle née à Descartes en 1650.

(4) **Le fleuve de l'Oubli est appelé « Léthé »** dans la mythologie grecque, souvenez-vous-en. En fait, on ne traverse bizarrement Léthé qu'à la fin des grandes vacances, i. e. après notre séjour en enfer, une fois

qu'Hadès nous a trouvé un poste à pourvoir à la rentrée, en fonction des places disponibles sur l'autre rive. Attention, il n'existe aucune voie de recours…

P comme Philosophe

La philosophie, c'est ce qui permet de se rendre utile quand on ne sert à rien, et inversement. Plus encore aujourd'hui qu'hier, et inversement. D'où l'utilité des philosophes.

L'existence même du philosophe est une insulte pour la société : il ne fait rien mais ne s'ennuie pas. Non, il pense. Pendant que tous les autres se dépensent. Autant dire que les philosophes sont des parasites sociaux qui ne contribuent presque jamais à l'augmentation du Produit Intérieur Brut. Toi qui travailles durement pour pouvoir te payer les vacances qui te permettront d'être reposé avant de reprendre le travail, toi qui cotises pour une retraite et une mort bien méritées, méfie-toi de la race des philosophes, méfie-toi surtout du philosophe qui sommeille en toi et qui ne manquera pas de s'éveiller si tu n'y prends garde. Il faut donc que tu saches reconnaître un philosophe de loin pour ne pas tomber dans les mailles de son filet.

Il y a quelques critères simples qui permettent de reconnaître un philosophe dans la rue. Tout d'abord le philosophe n'est pas pressé, ce qui est quand même incroyable quand on pense à tout ce qu'il y a à faire [1]. Si tu cours comme tout le monde, il y a peu de chances qu'il te rattrape. Ensuite le philosophe en activité pense ; comment reconnaître quelqu'un qui pense ? Là c'est plus difficile : car il faut souvent attendre que les gens parlent pour se rendre compte qu'ils ne pensaient pas. Il faut que tu saches que penser consiste pour l'essentiel à revenir sur soi pour s'interroger sur le sens de ce qui nous entoure. Comme si on avait que ça à foutre ! Donc le philosophe revient sur soi, et c'est d'ailleurs pour cela qu'il avance plus lentement. Ensuite penser c'est regarder au-delà de ce qui se passe immédiatement : autrement dit, le philosophe est infoutu de voir ce qui se passe juste à ses pieds. Tu reconnaîtras aisément le philosophe urbain en ce qu'il évite difficilement les déjections canines, surtout lorsqu'il revient sur soi sans regarder derrière lui. Mais c'est une affaire ancienne : cela nous ramène au fameux philosophe et mathématicien Thalès qui tomba dans un trou en glissant sur une crotte de chien alors même qu'il était en train de se dire que la somme des angles d'un triangle est égale à deux droits [2] (c'est pourquoi tu peux d'ailleurs penser à Thalès quand tu sors ton chien). Et le philosophe s'interroge, ce qui lui donne un air penché, voire courbe, à l'instar des points d'interrogation. Ce sont des philosophes qui ont construit la tour de Pise en tentant d'appliquer le théorème de Thalès. Si par hasard un philosophe en vient à t'adresser la parole et à te détourner de tes activités malgré ces quelques recommandations, voici quelques moyens sûrs pour le reconnaître : 1) tout d'abord, si tu lui poses une question, il te répondra par une autre question, ce qui est très énervant tu en conviendras ; 2) il en sera malheureusement de même si tu ne lui poses pas de question ; 3) le philosophe se trahit par l'usage de quelques expressions obsolètes comme : « certes », « à plus d'un égard », « nonobstant », « tu dis vrai ». Mais ça n'est pas encore suffisant pour différencier clairement dans la rue un philosophe ordinaire d'un policier en civil, lors même qu'il est très rare que ce dernier pense. En fait, j'ai oublié l'essentiel, le critère de reconnaissance du philosophe : le philosophe s'adressera à toi en allemand, car comme l'a bien montré le philosophe Heidegger à la suite d'investigations approfondies : quand les Français pensent, ils parlent allemand, et il sait de quoi il parle, lui qui a vécu, aïe, deux guerres franco-allemandes. Ne t'inquiète pas, si tu n'es pas germanophone, tu distingueras quand même aisément le philosophe du touriste allemand à l'absence de bob (chez le philosophe) et de bide (idem, ou en l'occurrence ibidem), même s'il arrive qu'ils portent tous deux des sandales de la marque Scholl. Et le touriste allemand n'a un air penché que lorsqu'il photographie la tour de Pise. Le policier français, lui, ne parle allemand que pendant les périodes sombres de l'histoire de France ; dans les périodes où l'on voit clair, tu le distingueras aisément du philosophe. Là où les choses deviennent plus compliquées, c'est lorsqu'il s'agit de distinguer en Allemagne le policier en civil du philosophe. Le mieux est de ne pas t'aventurer dans cette contrée sauvage où quand les gens rotent, ils parlent français.

Aujourd'hui, rassure-toi, les philosophes ne courent plus les rues, et tout ce qui vient d'être dit vaut, à vrai dire, pour les temps anciens où les rues étaient encore pleines de philosophes. Mais par les temps qui courent, le philosophe préfère se bourrer la gueule au Café de Flore ou devenir ministre de l'Éducation Nationale [3]. Il est devenu chic ; la philosophie est tellement à la mode qu'on se demande ce qu'on f'rait sans elle. On ferait... Onfray [4]. Eh bien, je ne sais pas, demandez-lui, on saura comme ça à quoi Michel sert. Tu te lèves de mauvaise humeur, un peu de philosophie te mettra sur de bons rails, tu es constipé, un peu plus de philo te fera chier (c'est la solution BHL : Bonne Humeur et Laxatif [5]) ; tu ne comprends plus le sens de ta vie en mangeant ta crème caramel au self, tu ne sais plus trop si Dieu existe en voyant tes enfants, tu te demandes si ton assurance-vie te garantit aussi contre la mort, tu ne vois pas bien comment on peut être heureux avec 341 marques différentes de café, tu as peur de te perdre et tu te perds pourtant, tu voudrais savoir un peu ce qu'est une vie réussie, tu te demandes si la société de consommation ne ressemble pas à une société de cons sans sommation, eh bien pour chacune des questions qui minent ton existence quotidienne, tu trouveras un philosophe, c'est promis. Dans ta librairie, si tu cherches le rayon « philosophie » tu le trouveras entre le rayon « spiritualités » et celui de « psychologie/bien être ». Le philosophe n'est plus un parasite, non il est devenu utile, très utile, tu peux le ranger dans ta boîte à outils, car aujourd'hui le bricolage et la philosophie (le foot et le jardinage étant hors concours) sont devenus deux des meilleurs moyens de te réconcilier avec ta vie de merde.

Bien sûr le philosophe pourrait aussi parfois te faire rire, mais pour cela encore eût-il fallu qu'il se déridât.

Notules pour ma hulotte

Sur le loisir, Thalès, Luc Ferry, Michel Onfray et BHL

(1) Figure-toi même que **le philosophe** ne travaille que pendant ses heures de loisir, il n'hésitera donc pas à prendre sur ton temps de travail le loisir de te poser des questions. Certains philosophes probablement pédophiles n'ont même pas hésité à affirmer que le mot grec pour désigner le loisir (« *scholè* ») est à l'origine du mot « école ».

(2) La chute de **Thalès** suscita injustement la moquerie de sa petite servante thrace, la seule servante dont la philosophie ait gardé la trace, même si ce n'est pas la seule Thrace qui soit devenue servante : « Ouh ben l'Thalès, c'est-y qu'y pense plus avec sa tête qu'y pète avec son cul ! » N'y voyons pas trop vite une misologie (ou haine de la raison) déplacée, mais lisons plutôt *Le Rire* de Bergson (qui nous donne à peu près autant envie de rire que Michel Onfray de jouir – cf. note 4 un peu plus loin) et nous comprendrons qu'est risible « une certaine raideur de mécanique là où l'on voudrait trouver la souplesse attentive et la vivante flexibilité d'une personne ». Ah ben c'est-y donc pour ça que j'avons rigolé !

(3) C'est dans l'intérêt général d'une France écrasée par le poids des idéaux libertaires de Mai 68, dans un pays au bord du naufrage, livré au lucre, à la dérive anarchiste et au gauchisme doctrinaire que le

philosophe **Luc Ferry** est devenu, avec un panache à nul autre pareil, ministre de l'Éducation, et nationale en plus, môssieu. On peut avoir les cheveux longs sans désirer la révolution, nous signifia alors du haut de son ministère, avec autant d'impertinence que de témérité, celui que l'on affubla opportunément de cet affectueux sobriquet : « la permanente sans la révolution ».

(4) **Michel Onfray**, pasteur du plaisir qui officie sur l'ensemble des chaînes de télévision et des fréquences radiophoniques et monopolise sans vergogne la plus grande partie du rayon « philosophie » de la Fnac, a visiblement sur lui autant d'échantillons de jouissance à nous vendre que le pape de préservatifs pour nous protéger du virus HIV. Il faut croire qu'on appelle « hédonistes » les philosophes qui sont devenus si étrangers au plaisir qu'ils ont acquis la bonne distance pour nous en parler objectivement.

(5) Par extension, désigne aussi les initiales de **Bernard-Henri Lévy**, nouveau philosophe quand même plus très frais non plus, dont la fière allure, la chevelure rebelle, la chemise entrouverte laissant deviner un torse encore impubère et dont l'immaculée blancheur doit sûrement beaucoup à Arielle, ne manquent pas de nous rappeler ostensiblement qu'il a sauvé le monde à plusieurs reprises de la barbarie.

Q comme Question

Comme quoi ?

…

Le propre d'une question, c'est de se poser. Car si on la garde sur soi au lieu de la poser, elle finit par peser, et en prenant du poids, elle se transforme en angoisse. Il faut donc penser à poser ses questions avant qu'elles ne deviennent trop lourdes. Évidemment, une question se pose immédiatement : mais qu'est-ce qu'on fait d'une question une fois qu'on l'a posée ? Car poser ne doit pas être confondu avec lâcher, jeter, laisser tomber, se débarrasser. Quand on l'a posée, la question reste là sous nos yeux, elle ne disparaît pas, et si tout le monde pose ses questions n'importe où sans se soucier de ce qu'elles deviennent, arrivera un moment où il faudra les balayer. Mais quand on n'arrête pas de balayer ses questions, elles retombent sans qu'on s'y attende en fine poussière dans nos yeux, et on finit par devenir aveugle.

La première solution, quand on vient de poser une question, c'est de la ramasser et de poser une deuxième fois la même question, ainsi elle est reposée, et on peut repartir avec elle en se sentant plus léger. Mais c'est une solution tout à fait provisoire. L'autre solution, c'est d'attendre une réponse. Mais c'est beaucoup plus risqué, car on ne sait jamais, à l'instar de l'arlésienne, si la réponse va venir quand on l'attend. Si les questions ont toujours un temps d'avance, les réponses manquent de ponctualité. Mais quand point la réponse, elle met un point d'honneur à mettre un point final à notre interrogation. Et la question posée devient alors si légère que d'elle-même elle s'envole. Le problème est que le rapport question-réponse est inégal, car si chaque réponse trouve sa question, l'inverse n'est pas vrai : il y a bien plus de questions posées qu'il n'y a de réponses disponibles. Il y a donc une foule de questions sans réponse qui attendent vainement qu'une réponse se présente enfin. Pour ce type de questions, qui restent en suspens alors même qu'on voudrait les poser, il existe des réponses standards, taille unique, qu'on trouve facilement en magasin, même si elles sont généralement de médiocre qualité et qu'elles s'usent relativement vite. Exemple : « Pourquoi meurt-on [1] ? – … – Pourquoi meurt-on ? – Ben parce que. – Ah ben oui bien sûr, je suis bête, où avais-je la tête… Merci. – Certes [2]. »

Les philosophes (cf. « P comme Philosophe ») ont peut-être trouvé une meilleure solution. Sachant bien que de toute façon le quota des réponses disponibles est largement inférieur au stock des questions en suspens, ils ont appris à recycler certaines questions pour les transformer en réponses ; ainsi répondent-ils à nos questions par d'autres questions. Aussi lorsque vous commencez à vous lasser d'une question en suspens, vous avez toujours la possibilité de l'échanger contre une autre question que vous ne vous étiez jamais posée, pour cela il suffit juste d'avoir un philosophe sous la main ; il peut même vous en échanger une seule contre une foule de questions toutes neuves. « Pourquoi meurt-on ? », vous en avez assez de cette question, elle est trop ancienne, cela fait des années qu'elle est en suspens, il faut la poser une bonne fois pour toutes. Heureusement, vous avez un philosophe sous la main, qui en deux temps trois mouvements va vous recycler cette vieille question toute vermoulue en une question toute neuve qu'il vous renverra dans la gueule en guise de réponse : « Mais est-ce qu'on peut vraiment dire que l'ON meurt[3] ? » Voilà, et si cette question ne vous convient pas, il y a toujours la possibilité de l'échanger, il est là pour ça le philosophe, il en a un stock inépuisable, il faut en profiter tant que vous l'avez sous la main, je vous aurai prévenu. Le seul problème du philosophe, qui devient vite un vice, c'est que même aux questions qui ont des réponses il répond par des questions. « Est-ce que tu m'aimes ? » demandera au philosophe sa compagne. « Est-ce vraiment une question ? » répondra le philosophe, « Et si c'est vraiment une question, alors qu'entends-tu par amour ? Et comment je et tu peuvent-ils entrer en relation ? » Alors vous imaginez lorsqu'elle lui demande s'il veut un enfant… Avec le philosophe, vous n'avez même pas le temps de poser une question qu'elle est déjà en suspens. Finalement, posez vos réponses, il vous donnera les questions.

Notules pour ma hulotte
Sur Max Weber et Heidegger

(1) Attention, s'il te plaît, ne confonds pas **le pourquoi du sens** avec le pourquoi de la cause, la compréhension avec l'explication (tu reliras utilement à ce sujet tout ce qui concerne la controverse Erklären/Verstehen chez Max Weber). Car si tu réponds qu'on meurt parce qu'on a eu une maladie incurable ou un grave accident, même s'il s'agit d'une réponse tout à fait valable du point de vue de la médecine légale, sache que tu fais quand même d'un point de vue philosophique preuve de mauvaise volonté et qu'on a un petit peu envie de te demander : « Alors pourquoi les immortels ne meurent-ils pas après un accident mortel ou une maladie incurable ? »

(2) Petit échange de paroles saisi jadis au vol ou plutôt au pied de l'échafaud entre un **condamné à mort** qui allait avoir la tête tranchée conformément à son essence et un bourreau dont on peut apprécier la sollicitude puisqu'il n'a pas eu l'indécence de répondre sur un mode platement explicatif (cf. note précédente) : « Ben parce que tout condamné à mort aura la tête tranchée, tiens ! » Par leur esprit tranchant et aiguisé, les bourreaux ont généralement réponse à tout, même si c'est la mort dans l'âme.

(3) Pas con non plus le philosophe ! C'est vrai, **qui est exactement « on »** ? Eh bien, personne… Ou plutôt

tout le monde… Ou plutôt les deux… C'est ce qu'on fait comme tout le monde, c'est-à-dire quand on n'est plus personne… On vote, on regarde la télé, on consomme, on prend le métro, on est heureux, et même on se mêle de tout, et les heideggériens parmi vous ajouteront (allez, ne soyez pas timides) : « On subit la dictature du on. » Mais est-ce qu'on meurt ? Il a quand même raison, le philosophe, de poser la question, même si la mort a aussi une vague tendance dictatoriale. Tout ce que je sais, c'est que les autres hommes meurent, or je ne suis pas un autre, donc je ne meurs pas. Là, je sens qu'ON va faire des jaloux…

R comme Rien [1]

Notule pour ma hulotte

Où l'on n'apprend rien de plus

(1)

S comme Souffrance

Les hommes (cf. « H comme Homme ») ont une fâcheuse tendance à redouter la souffrance, alors qu'elle pourrait tout à fait se rendre aimable s'ils prenaient ne serait-ce qu'un tout petit peu le temps d'y prêter attention. Aimable en tout cas surtout chez les autres, rajouteraient les amateurs du divin marquis, qui sont quand même beaucoup plus nombreux qu'on ne le pense [1]. Déjà, le mot « souffrance » lui-même est assez séduisant : un étrange mélange de souffle et de jouissance, de sifflement et de douceur, d'une douceur qui en s'allongeant s'infléchit en douleur. C'est la langue française qui est sadique, moi je n'ai rien fait, elle met de la volupté dans la souffrance comme dans la douleur : c'est doux, c'est sulfureux, c'est délicieux. D'ailleurs, une petite question comme ça juste pour rire : quelle est la différence entre la souffrance et la douleur ? Elle n'est pas de nature mais de lieu : la souffrance nous entoure et nous enveloppe, là où la douleur nous habite. La souffrance est un souffle, car elle nous hante sans être vraiment là, alors que la douleur s'installe, emménage en nous et il faut utiliser la force pour la déloger. Je souffre, *et c'est tout*, alors que j'ai mal *quelque part*. Elles n'ont pas non plus la même psychologie : la souffrance est discrète, mais susceptible, elle a besoin de se sentir aimée, sinon elle continue à nous hanter ; la douleur, elle, est pugnace et grossière, et elle aime la bagarre. D'accord ? Vous vous sentez mieux maintenant ? Le petit hic, c'est qu'on n'a pas besoin d'avoir mal pour souffrir, et qu'on a même mille raisons de souffrir, à commencer par l'absence de toute raison ; alors on souffre, oh pas tout le temps, mais assez souvent quand même pour s'en souvenir quand ça revient, pour ne pas oublier à quoi elle ressemble et la reconnaître aussitôt, notre petite souffrance chérie ; oui, on souffre, je soüffre, tu souffres, nous souffrons (et non pas « nous souffrissons », je précise pour les plus jeunes lecteurs que c'est un verbe du 3e groupe). Oui, tu souffres, mais tu y mets du tien, tu pourrais aisément te libérer de ta souffrance avec ces quelques leçons d'élémentaire philosophie que l'on doit à la délicatesse et sollicitude d'Arthur Schopenhauer [2]. Laisse-moi te les donner, mon garçon (ou ma fille je ne sais pas, de loin je ne vois pas très bien), car je n'aime pas te voir souffrir.

D'abord, sache que tu souffres simplement parce que tu n'as pas mieux à faire et que si tu cessais de souffrir, tu risquerais fort de t'ennuyer. Comme la vie oscille tel un pendule entre la souffrance et l'ennui, la bonne nouvelle est qu'on a suffisamment de raisons de souffrir pour ne pas s'ennuyer ; alors, 1er conseil d'Arthur, plutôt que de te plaindre, commence par regarder la souffrance par son côté positif, tant que tu as à prendre soin d'elle, tu évites l'ennui et accessoirement la mort. Néanmoins, et ce sera le 2e conseil, sache aussi que tu emmerdes tout le monde avec ta souffrance : tout le monde a mieux à faire que de s'en occuper, bien sûr certains font semblant d'y prêter attention simplement parce qu'il n'y a rien à la télé. Mais souviens-toi surtout que ta souffrance est pénible pour les autres, alors fais preuve d'un tant soit peu d'altruisme et mets-la de côté en présence de tes pairs ; ça relève quand même du souci le plus élémentaire du vivre-ensemble, c'est une simple affaire de civilité. « Souffre et meurs sans parler », conseillait gentiment Alfred de Vigny ; on ne saurait mieux dire : les gens ont besoin de calme, surtout à notre époque, avec ces rythmes harassants, le métro, les grèves, les embouteillages, les insultes, le bruit incessant de la ville, alors quand ils rentrent enfin chez eux, la dernière chose qu'ils aient envie de faire est de s'occuper de la souffrance des autres. C'est pourquoi ils apprécient tant de découvrir au journal de 20 h le comportement particulièrement civil de tous ces hommes qui savent souffrir et mourir en silence dans ces contrées éloignées où l'on sait encore ce que signifie le respect des autres. Alors tu souffriras quand tu auras contribué un tout petit peu à l'effort de redressement national de l'économie, de la croissance et de la productivité, ainsi qu'à la sécurité dans nos villes et nos banlieues. Le bonheur est un astre volage, et tu n'aides personne à être plus heureux en exhibant ta misérable souffrance, alors que tu as la chance d'avoir un travail, une maison, une Citroën C3, en plus le modèle vert pomme qui est tellement tendance, le câble et un hypermarché Leclerc à moins de cinq minutes de chez toi. Le 3e conseil : au lieu de te complaire dans ta souffrance, regardes-en un peu la cause avec lucidité ; au fond, pourquoi souffres-tu ? Parce que tu n'as pas ce que tu désires : le bonheur, l'amour, l'argent, un travail, la santé, la glace vanille noix de pécan que tes parents n'ont pas voulu t'offrir parce que ça commençait à bien faire, etc. Tu souffres parce que tu manques de quelque chose, et quand tu l'auras, tu souffriras, bougre d'idiot – excuse-moi de te le dire brutalement, mais on n'est pas là pour faire des chichis –, de manquer d'autre chose. Tu ne crois pas que le plus simple est quand même d'arrêter un peu de désirer tout le temps ? Si tu ne désires plus rien, tu seras tranquille, aucun risque de souffrir du manque de quoi que ce soit. Évidemment, tu me diras, et là je t'attendais au tournant : « Oui, mais on tombe alors dans l'ennui. » Non, car on s'ennuie quand on désire désirer mais qu'on n'y arrive pas, ou qu'on a la flemme ou qu'on est trop fatigué pour désirer, alors que quand on ne désire pas du tout, pas même désirer, là aucun risque de souffrir ou de s'ennuyer, sauf accident. Bon, il faut reconnaître que c'est assez incompatible avec cette chose qu'on appelle vulgairement la « vie », mais pourquoi nécessairement vouloir vivre ? Rien ne nous y oblige, et puis c'est la garantie de la souffrance et de l'ennui, la vie. Certes, mais mourir, dira-t-on, ne fait pas un projet d'avenir. Mais il n'y a pas que vivre et mourir dans la vie, il y a aussi ne pas vivre, tu peux très bien ne pas vivre. Alors 4e et dernier conseil : ne vis pas, il y a mille manières de ne pas vivre ; si tu t'y prends bien, tu trouveras la bonne, tu as même toute une vie pour te libérer de ta volonté de vivre. Après cela, tu n'auras plus à craindre ni la souffrance ni l'ennui [3]. À toi de jouer, et tu peux me dire merci !

Notules pour ma hulotte

Sur Sade, Sacher Masoch, le pessimisme et Pascal

(1) Il s'agit du **marquis de Sade**, dont la doctrine, injustement considérée comme sadique, selon laquelle la souffrance des autres n'est pas nécessairement à redouter puisqu'elle peut être la source de notre plaisir, était très (trop ?) appréciée par l'Autrichien Sacher Masoch, qui insista sur le fait qu'il fallait quand même aussi se rendre un peu disponible pour le plaisir de ceux qui sont prêts à donner d'eux-mêmes pour nous faire souffrir. Sade nous a raconté le film qui se déroule sur les écrans des salles les moins accessibles de l'âme humaine : une histoire interminable de viol, d'inceste, de parricide et d'infanticide, assaisonnée d'humiliations et de tortures pour pimenter l'ensemble. Évidemment interdit aux mineurs. Et quand Freud nous apprend par la suite avec un malin plaisir, pour ne pas dire un plaisir sadique, que si l'on pouvait, conformément au principe de plaisir, pratiquer tout ça sans culpabilité, nous serions tous vraiment heureux, on a quand même envie de se précipiter chez son psy. Comme dit le proverbe : Noël dans le boudoir, Pâques sur le divan.

(2) On considère **Schopenhauer** (dont tu prendras soin d'écrire cinquante fois le nom pour en retenir une bonne fois pour toutes l'orthographe) comme le représentant éminent du pessimisme philosophique. Loin de s'opposer, l'optimiste et le pessimiste partagent

une même confiance dans l'avenir, le premier parce que ça va chaque jour de mieux en mieux, le second parce que ça peut difficilement être pire.

(3) Attention, tu ne peux pas non plus décider du jour au lendemain de te mettre d'un coup à **ne pas vivre**. Cela demande quand même un peu d'entraînement, on ne désapprend pas non plus à vivre en une journée. À titre de propédeutique, tu pourras utilement suivre les conseils de Pascal – Blaise nous met assurément sur la voie d'Arthur – en pensant à te réserver régulièrement des plages d'isolement radical par rapport à toutes les formes de sollicitation externe ou divertissement, en restant seul dans ta chambre à ne rien faire (pas même jouer à la *play station*) et ce de plus en plus longtemps, pour ton plus grand bonheur. Ce n'est que lorsque tu auras réussi à t'endormir sans avoir quitté de toute la journée le lit dans lequel tu t'es réveillé le matin même que tu pourras commencer à te considérer comme un peu plus indépendant par rapport à ta dérisoire volonté individuelle de vivre (pense à te munir d'un pot de chambre). Sache que si tu parviens réellement à ne plus vivre, tu cesseras enfin de te demander, à l'instar des immortels, comment occuper tes journées, ce qui fait quand même du bien, tu le reconnaîtras, et quand l'ombre de la mort se penchera sur toi – on se demande un peu comment tu peux mourir si tu ne vis pas, mais là on laissera la question en suspens, ceux qui ont voulu y répondre ont rendu leur

dernier souffle avant de pouvoir le faire –, tu pourras dire en toute simplicité, comme l'a fait Kant avant de rendre l'âme à Dieu qui n'avait pourtant pas compris grand-chose à sa philosophie transcendantale : « C'est bien. »

T comme Temps

Il y a le temps de la vie que l'on passe à se moquer du temps et le temps où l'on compte celui qui reste : entre les deux, pas grand-chose. Il y a le temps qui passe et le temps qui reste : mais le temps qui reste passe de plus en plus vite, il est pressé, et le temps qui passe reste là sans plus y être, il est passé [1]. Alors on court après l'instant : dans l'instant le temps ne passe plus mais l'instant nous dépasse, et quand il n'en reste plus, c'est qu'alors on trépasse. Finalement la seule chose qui reste dans le temps, ce n'est ni le présent ni le passé, c'est juste le passage, et c'est pourquoi le temps est une impasse.

C'est quand on commence à regarder le temps passer qu'on se met aussi à compter celui qui reste. Mais quand on prend le temps au lieu de le laisser passer, on gagne l'éternité, qu'on perd aussitôt qu'on veut gagner du temps. Le temps de l'enfance est tout entier fait d'éternité. Car le temps nous a, mais l'enfant, lui, a le temps, tout le temps qu'il prend. Le temps est à lui. On a le temps aussi longtemps qu'on est éternel.

Mais l'éternité passe, au contraire du temps, qui reste [2], et défait en même temps l'éternité passée. Très vite, l'éternité devient un souvenir qu'on regarde avec nostalgie ; trop vite, l'horloge nous confisque notre petite éternité à nous, pour ne plus jamais nous la rendre. Horloge : qui dit l'heure [3]. Qui la dit, qui la répète, qui l'assène et qui la sonne, sans arrêt, sans répit, c'est sa tactique. Tic-tac, tic-tac. Qui nous la rappelle sans cesse, et en fait la mesure de notre existence. Partout où nous sommes, l'horloge nous rattrape. Où que nous soyons, elle dit l'heure, imperturbablement, c'est un dealer de l'angoisse. Il y a l'heure du réveil et l'heure du train, les heures d'ouverture et de fermeture, l'heure du repas, les heures de liberté, il y a les jours ouvrables et les jours de congé, l'âge de se marier et celui de divorcer, il y a le temps qui reste et l'espérance de vie ; il y a enfin l'heure de notre mort qui interrompt une fois pour toutes le compte interminable des heures, de l'horloge au salon qui dit oui qui dit non, qui dit : « Je vous attends. »

Pourquoi faut-il un jour quitter l'éternité pour naître au temps qui passe ? Pourquoi se fait-on avoir par le temps quand on croyait l'avoir ?

Tout bêtement parce qu'à l'enfant que nous sommes, qui ne cesse de prendre le temps qu'il a, qu'il a toujours eu, un adulte dit un jour, empêtré, lui, dans le temps qu'il n'a pas parce qu'il ne sait plus le prendre : « Dépêche-toi. » Voilà, « dépêche-toi », le mot est lâché, ça lui a échappé à l'adulte, il n'a pas voulu, l'adulte, dire cela, il ne l'a pas vraiment fait exprès, il ne sait pas trop pourquoi il le dit, c'est juste parce qu'il a une horloge dans le dos, qui le guette l'air de rien et qui lui souffle le mot : « Dépêche-toi (tic-tac, tic-tac) », qui est pour l'enfant le mot du déclic, le démarrage d'une vie désormais réglée, comptée, calculée. Ah bon ? Dépêche-toi ? Je croyais que j'avais le temps. « Eh bien non, tu as assez traîné maintenant, assez traîné dans les limbes de l'éternité », dit le grand horloger avec son horloge de Damoclès, « allez dépêche-toi, il y en a d'autres derrière, d'autres qui arrivent, ils ont droit aussi à leur part de gâteau, à leur morceau d'éternité, allez ton tour est passé, dépêche-toi, dépêche-toi, cesse de traîner là pendant que les autres se pressent, à chacun son tour, au suivant, allez file, va voir là-bas si j'y suis, là-bas je ne t'ai pas dit c'est du côté du temps qui passe, dépêche-toi on t'attend de ce côté-là, on t'attend depuis le début mais tu n'as pas fait attention, tu exagères, alors maintenant tu vas faire un effort tu vas te dépêcher de vivre, de traverser le temps qui reste, de souffrir et mourir en silence comme tout le monde, merde quand même on n'est pas là pour se la couler douce, tu ne crois quand même pas que tu vas savourer les délices des plus beaux de tes jours, non ! De toute façon si le temps suspend son vol tu t'écrases, et puis de toute façon tu t'écrases, alors fais le voyage jusqu'au bout, même si c'est un mauvais moment à passer, c'est toujours plus rapide qu'on ne croit, et puis dépêche-toi un peu, ça commence à pousser derrière, tu m'énerves à rester là le nez en l'air, à traîner comme si de rien n'était, mais non ne fais pas comme si de rien n'était, il y a quelque chose, il faut te dépêcher, il y a le temps qui passe et il y a ton heure qui t'attend… Hein ? Qu'est-ce qu'il y a ? Tu ne veux pas, tu as peur c'est ça ? Mais c'est idiot, plus tu te dépêches moins tu auras peur, c'est juste du temps perdu d'avoir peur, file et ta peur filera, tiens, prends cet agenda, ne laisse pas un jour, une heure, une minute de vide, remplis, note tout, et garde juste un peu de temps pour noter, dépêche-toi, le vide c'est la peur c'est l'ennui c'est le risque de vivre, alors dépêche-toi, le temps a horreur du vide – tu t'en souviendras –, maintenant tu dois te dépêcher, et si tu ne sais pas comment faire, ça n'est pas grave, fais comme les autres, cours et suis-les, de toute façon tout le monde court puisque personne ne sait comment faire, alors tout le monde fait comme tout le monde, c'est juste la même heure pour tous, allez cours, dépêche-toi, ne te pose pas de questions, tu entends, surtout pas de questions, n'aie pas peur le rythme des heures les effacera comme ta peur, j'ai trop parlé, dépêche-toi, oublie ce que je t'ai dit, ne t'embarrasse pas de tout ça, regarde ça y est le train va partir, dépêche-toi, il y a le contrôleur qui siffle sur le quai, il t'attend, il ne faut pas manquer le train, saute dans le train, il t'emmènera directement là-bas, c'est un express, pas d'arrêt tu es tranquille, allez vite, avant qu'il ne parte, qu'il ne te laisse là sur le quai, comme un idiot, avec tes bagages, tes peurs et ton éternité perdue, sans rien à faire qu'à attendre un autre train, ce serait trop bête quand même, ça sonne ça siffle, ça éructe, qu'est-ce que tu fous ? DÉPÊCHE-TOI. »

Alors on se dépêche, on prend le train et tout va très vite : on n'a pas le temps de regarder le temps qui passe que tout le temps qui reste est déjà passé.

Notules pour ma hulotte

Sur saint Augustin, Woody Allen et Bergson

(1) Si le temps était moins pressé de passer, on trouverait peut-être le temps de **goûter le présent**. Mais il faut malheureusement remettre le présent à plus tard, en espérant qu'il finira bien dans le futur par se présenter. En attendant, mieux vaut s'en remettre à la désespérante sagesse de saint Augustin et reconnaître que s'il y a bien quelque chose de présent dans le temps, ce n'est jamais que le passé ou le futur. Autant dire que le temps est vraiment une enflure : il nous fait miroiter les plus beaux cadeaux, mais on finit par comprendre qu'il n'a aucun présent à nous offrir. Ce qu'il nous donne n'est plus là ou pas encore, et ce qui est là ne nous est jamais offert.

(2) **Woody Allen** (qui devra attendre, s'il veut avoir une chance de figurer comme Pierre Dac au programme de philosophie, de pouvoir fournir une attestation de décès, car au contraire des gens ordinaires, chez les philosophes, ce sont surtout les morts qui font preuve de savoir-vivre) affirme à tort : « L'éternité c'est long, surtout vers la fin. » Non, l'éternité, c'est beaucoup trop bref, surtout quand elle est derrière nous.

(3) **Bergson** a bien raison de préciser que si l'horloge dit l'heure, en revanche elle ne nous dit rien du tout du temps, elle nous parle d'un temps sans durée, complètement plat, le temps social, le temps qui

est censé être le même pour tous. Or le temps n'est jamais le même pour tous : si tu regardes une minute passer, tu verras combien elle traîne, mais si c'est ta dernière minute que tu vis, tu auras à peine le temps de voir comme elle file. Et l'horloge est bien infoutue de nous dire combien de temps dure le temps ou combien de temps le temps présent met à passer. Mais nous, malheureux que nous sommes, nous préférons régler la durée de notre vie sur le temps sans vie des horloges, juste pour être bien sûrs de ne pas manquer nos rendez-vous.

U comme Utopie[1]

Société imaginaire et idéale, qui chez les philosophes se fonde sur l'idée d'un ordre parfait et absolument juste. Le philosophe a ceci en commun avec le policier (malgré quelques différences notables, cf. « P comme Philosophe ») qu'il n'aime généralement pas le bordel. Le policier est gardien de l'ordre public, le philosophe de l'ordre idéal ; il a à cœur, dans ses moments de loisir, d'imaginer une société idéale où tout est bien rangé, où chacun est à sa place avec sa fonction propre, où rien ne déborde, où l'on sait tout de suite où ranger le nouveau venu pour éviter de le laisser traîner, où les inférieurs aiment les supérieurs comme il se doit et les supérieurs les méprisent comme il convient, voilà c'est merveilleux, c'est le meilleur des mondes possibles, c'est l'ordre social total et sans reste, parfaitement rationnel, pour lequel on a trouvé au XXe siècle un joli petit adjectif : « totalitaire ». On ne sait pas pourquoi, mais les utopies, alors qu'il s'agit juste de tout bien ranger gentiment et de nettoyer dans les coins, ont une indéniable tendance à devenir totalitaires. Mais quand on commence à nettoyer, on a du mal à s'arrêter et l'on devient vite un maniaque de la propreté sans reste… La *République* de Platon est l'une des premières grandes utopies totalitaires [2]. Mais quelle est la dernière, la plus récente ? L'une des plus récentes est assurément l'œuvre de Peyo : il s'agit des schtroumpfs. Il y a dans les schtroumpfs les principales caractéristiques de l'utopie totalitaire.

1) Tout d'abord, la cité des schtroumpfs est un monde idéal où les individus sont entièrement caractérisés par leur fonction ou leur corporation ; les nains avaient encore des prénoms, les schtroumpfs n'ont plus que des attributs qui les définissent : grognon, à lunettes, cordonnier, sportif, etc. Et chose remarquable, être une femme, chez les schtroumpfs, est une fonction sociale, c'est pourquoi il n'y a qu'une seule femme et que la schtroumpfette représente à elle seule toute la corporation des femmes, ou blondes reproductrices. La schtroumpfette c'est trois en un : compagne, mère et pute. Riche conception de la femme comme fonction dans l'ordre totalitaire. Misogynie et sens de la propreté ont toujours fait bon ménage.

2) Il ne doit y avoir chez les schtroumpfs aucun signe ostensible de différence autre que ceux liés précisément à la fonction (ainsi du grand schtroumpf qui représente à lui seul toute la différence possible entre schtroumpfs). Multiculturalisme et diversité ethno-culturelle sont des phénomènes incompatibles avec la vie des schtroumpfs. L'homogénéité de la race apparaît de toute évidence

comme un idéal schtroumpf, même en l'absence de tout parti national schtroumpf.

3) La hiérarchie schtroumpf se réduit au rapport entre un chef unique et l'ensemble de ses subordonnés. D'un côté le grand schtroumpf dont toute l'identité se réduit à sa fonction de chef, de l'autre l'ensemble indifférencié des schtroumpfs : pas de corps intermédiaire entre le chef et la société, pas d'once d'organisation démocratique de l'espace public, le pouvoir du chef traverse également toutes les sphères de la société.

4) L'homogénéité de la société schtroumpf se renforce par la représentation d'un ennemi irréductible, menaçant de l'extérieur la perpétuation de la race. Gargamel représente le dehors absolu par rapport au monde schtroumpf, il est le fantasme de l'Autre avec un grand A qu'il faudra bien un jour anéantir pour ne pas être soi-même anéanti[3]. Il agit en cachette et dispose d'armes secrètes. La figure de Gargamel s'inscrit de toute évidence dans la mythologie du protocole des sages de Sion.

5) La société schtroumpf est immuable, elle est absolument imperméable à toute forme de changement. Idéal d'un ordre enraciné une fois pour toutes dans la nature des choses, qu'on retrouve tout autant dans la loi naturelle des nazis que dans la loi historique du totalitarisme communiste. Fantasme fasciste de l'immortalité des civilisations.

6) Et surtout, plus important que tout, les schtroumpfs sont heureux et innocents. Car dans

l'imaginaire schtroumpf comme dans les grandes utopies philosophiques, si l'ordre absolu règne et que rien ne bouge ni ne change, alors tout le monde peut être vraiment heureux. Bref, le grand nettoyage schtroumpf évacue de la société ce qui est le souci de toutes les sociétés humaines : l'incertitude, le temps et la mort.

On ne peut pas être un vrai démocrate et aimer les schtroumpfs. Pourtant, attention, la réalité des démocraties modernes se rapproche de plus en plus de l'ordre utopique des schtroumpfs ; Peyo était aussi un visionnaire. La publicité fait de nous des schtroumpfs, les gouvernants s'adressent à nous comme à des schtroumpfs, nous nous traitons nous-mêmes de plus en plus comme des schtroumpfs ; nous assistons à un mouvement peut-être irréversible de schtroumpfisation de la société, et on nous fait croire que c'est là la clé du bonheur [4]. Ne nous laissons pas faire, ne nous laissons pas aller à crier avec tous les autres « Allez les bleus ! », et engageons-nous ensemble dans un combat commun contre la domination de l'ordre schtroumpf. Les nains de jardin sont inoffensifs au regard du totalitarisme schtroumpf, alors ne nous trompons pas de cible, et dès aujourd'hui, commençons par faire sauter les petites maisons en amanite phalloïde, fi de la compassion, soucions-nous de la justice et faisons couler sans vergogne le sang bleu des schtroumpfs (mais le sang des schtroumpfs est-il bleu ?) avant qu'ils ne viennent eux-mêmes jusque dans nos bras égorger nos fils et nos compagnes. Aux armes, citoyens, formez vos bataillons, et marchons, marchons sur les schtroumpfs ! C'est la lutte finale ! Et schtroumpf qui peut !

Notules pour ma hulotte

Sur la République*, l'Autre et Gargamel*

(1) L'idée de ce texte, celle d'une comparaison entre le monde des schtroumpfs et le totalitarisme, a été inspirée par la lecture de *Triptyque de l'asphyxie* d'**Antoine Bueno**. Que l'auteur en soit remercié et que l'originalité de cette idée ingénieuse lui soit rendue. Et qu'ici cesse aussi cet usage obsolète de l'optatif (cf. « J comme Joie »).

(2) Pourtant, **Platon** n'était pas mal intentionné quand il a écrit la *République*, il voulait rien de moins que le bien en soi dans la société, qui a, il est vrai, peu de choses à voir avec le bien pour nous, et quand les philosophes sont rois, ils sont justement là pour s'assurer que les porcs que nous sommes ne vont pas se vautrer dans la fange du bien pour nous ou passer leur temps dans les salles obscures à absorber sans réflexion les films qu'on leur passe sur les parois de la caverne. On retiendra malgré tout quelques bonnes idées à méditer pour aujourd'hui : séparer le plus vite possible les enfants de leurs parents, qui sont quand même de loin ce qu'il y a pour eux de plus nuisible, et mettre les philosophes au sommet du pouvoir, ce qui donne largement le temps de foutre le bordel avant qu'il se passe quoi que ce soit. On a même retenu de Platon dans notre bonne petite république une excellente idée : éviter de confier des fonctions de police à ceux dont l'intelligence est attestée.

(3) **Jacques Lacan** (cf. « E comme Ego », « K comme Kiki », « W comme Wam », j'en passe et des meilleures) distingue l'Autre, avec un grand « A », de l'autre, sans prérogative particulière. Si l'Autre mérite un grand « A », c'est qu'il est lui-même très grand au point qu'il nous surplombe et qu'on n'en perçoit généralement que l'ombre menaçante, qui nous suit d'ailleurs d'assez près, ne croyez pas qu'on puisse s'en libérer comme ça. Alors que l'autre avec un petit « a » est tout petit comme nous, comme toi et moi – surtout comme toi –, il ne nous fait pas peur du tout malgré son agitation, on a juste un petit peu envie de le tuer lorsqu'il nous agace à vouloir à tout prix exister plus que nous.

(4) Cela s'appelle même « **vivre ensemble** ». Aujourd'hui, c'est chouette, on est appelés à tous vivre ensemble comme des schtroumpfs, malgré nos différences, dans un village global, où l'on se fait tous allègrement niquer par le grand Gargamel qui en plus est devenu gentil et doux (comme le pressentait déjà Tocqueville en parlant des schtroumpfs américains qui commençaient à proliférer au XIXe siècle), alors on crie « encore » parce qu'il met tout à notre disposition, qu'on peut tout faire sans sortir de chez soi, et que même si l'on sort on est toujours chez soi, et que si l'on n'a pas beaucoup d'argent il nous trouvera des crédits à la consommation avec des taux super intéressants, bon évidemment il faut aussi que nous-mêmes on soit un peu gentils, qu'on veuille bien travailler un peu plus pour

gagner plus, c'est normal ça, faut pas non plus exagérer, et qu'on arrête un peu de se plaindre tout le temps comme des enfants gâtés alors qu'on peut déjà tout obtenir et qu'attention Gargamel il est gentil mais il peut aussi nous taper sur les doigts si l'on n'y met pas du nôtre, ça va bien comme ça la racaille de schtroumpf, ou pire si on l'aime pas alors qu'il a qu'un seul souci, lui, faire notre bonheur, qu'il se sacrifie même pour nous, c'est quand même incroyable on pourrait s'en rendre compte à la fin, et puis le monde a changé, il est compliqué ; il est là pour nous aider à nous adapter, le gentil Gargamel, va falloir qu'on arrête d'être crispés sur nos vieilles habitudes et qu'on desserre quand même un peu les fesses, pour le laisser nous montrer la voie.

V comme Vivre

On ignore que vivre est la chose la plus simple qui soit, parce qu'on en a perdu depuis trop longtemps le mode d'emploi. Vous avez de la chance, petits veinards, je l'ai retrouvé il y a peu dans une poche de pantalon passée à la machine, alors même que je lavais mon linge sale en famille. Comme le but de la philosophie est d'apprendre à vivre, et qu'on est quand même là pour faire de la philosophie, ça tombe assez bien, vous le reconnaîtrez.

Tout d'abord, la première chose à apprendre quand on veut apprendre à vivre, c'est que vivre ne s'apprend pas. J'en entends déjà qui disent : « bien sûr, cela se vit. » Pas du tout. Vivre est la dernière chose qui se vit ; on peut faire plein de choses dans la vie, mais vivre… « Qu'est-ce que tu veux faire dans la vie ? – Moi ? Oh, j'envisage de vivre. » Non, cela ne fait pas un projet de vie sérieux. D'autant qu'il en est beaucoup qui aiment la vie sans aimer vivre. Alors méfiez-vous, n'écoutez jamais ceux qui vous conseillent : « Vis ta vie. » C'est complètement idiot : personne ne vit sa vie. Vivre sa vie, c'est comme manger sa bouche ou montrer du doigt son index. Et de toute façon, ce n'est jamais la nôtre, il y a trop de monde dans notre vie, tout le monde ne cesse d'y entrer et d'en sortir sans nous demander l'autorisation, personne ne peut la garder pour soi tout seul, sa vie. C'est l'inconvénient d'être né [1] : vivre c'est toujours vivre la vie des autres, c'est pourquoi c'est un enfer, la nôtre de vie s'est éclipsée le jour même de notre naissance ; SA vie, on ne la vit qu'avant la naissance, *in utero*, mais on ne se rend compte que c'était la sienne que lorsqu'on en est expulsé, *extra utero* : et là, on a beau pousser un grand cri, il est trop tard, on ne peut plus faire marche arrière, c'est le début de l'exil ; on commence à vivre, mais c'est plus sa vie. Bref, *in utero*, c'est extra.

Donc résumons – car cela nous fait déjà quelques éléments décisifs de définition : vivre ne s'apprend pas ; vivre ne se vit pas ; vivre ne se fait pas tout seul, ni même à deux, mais toujours à plusieurs ; et enfin, *last but not least*, c'était écrit aussi sur le petit papier que j'ai retrouvé : vivre ne se commande pas. Ce n'est pas un verbe d'action, ça ne dépend pas de notre volonté. On ne dit pas : « Maintenant tu vas vivre ou je m'énerve », c'est indélicat, pas plus qu'on ne corrige un électro-encéphalogramme plat en secouant l'écran. On peut toujours souhaiter que quelqu'un vive, on ne peut pas le lui ordonner. Quand on le souhaite, on dit alors justement : « Vive. » À quoi l'on ajoute en général un point d'exclamation pour bien marquer qu'on encourage vivement celui à qui le souhait est destiné. Par exemple, si vous souhaitez continuer à vivre encore un peu, vous pouvez toujours vous y encourager en vous disant : « Vive moi ! » ça ne mange pas de pain. Mais vous ne pouvez pas vous l'ordonner ; car le cœur a ses raisons que la raison ignore : il bat, qu'on le veuille ou non, il s'arrête de battre, qu'on le veuille ou non.

Maintenant, deux ou trois éléments de définition un peu plus positifs[2] : vivre n'a pas de terme imposé par avance, c'est donc quelque chose qu'on peut toujours espérer voir arriver un jour de plus[3], même si, je vous le rappelle, ça ne dépend pas de nous et qu'on ne peut pas non plus se l'ordonner ; vivre est excellent pour la santé et très recommandé pour lutter contre la mort, qui fait quand même encore beaucoup de victimes de nos jours ; vivre ne s'use que si l'on s'en sert, donc si vous voulez vous préserver, vivez le moins possible, vous vivrez normalement plus longtemps (cf. « S comme Souffrance ») – mais il n'y a pas non plus une garantie absolue. Car vivre, de toute façon, ne tient qu'à un fil : ça qu'est merveilleux. Voilà pour ce qui est de vivre, vous voyez, ça n'est pas la mer à boire, pas de quoi s'angoisser, d'autant qu'il n'y a aucune raison, comme disent les philosophes stoïciens, de s'affliger de ce qui ne dépend pas de nous[4].

Reste encore une question : « À quoi ça sert de vivre ? » Ah, je l'attendais cette question, ça ne m'étonne pas, vous réduisez tout à des questions d'utilité. Et le sens, ça ne vous intéresse pas un petit peu aussi le sens ? Soyez quand même moins pragmatiques ! Eh bien, figurez-vous que la question du sens de la vie était aussi évoquée sur le petit papier que j'ai retrouvé au fond de ma poche. Malheureusement ça avait déteint et le sens de la vie était devenu totalement indéchiffrable. Croyez bien que je suis le premier à le regretter.

Notules pour ma hulotte

Sur Prométhée, Sénèque et les Stoïciens

(1) En même temps, c'est assez difficile d'apprécier **l'avantage qu'il y aurait eu à ne pas naître**, mis à part celui de n'être pas. Une fois la vie étrennée, le véritable inconvénient n'est pas d'être né mais de traîner, car, comme disait Prométhée (cf. « H comme Homme »), en se faisant lentement dévorer le foie par un aigle un peu glouton : « Ça va quand même mieux quand ça va vite » (cf. « T comme Temps »).

(2) « **Positif** » **au sens philosophique** de ce qui s'affirme et non au sens moral de ce qui est réconfortant, ne commence pas à t'emballer. De toute façon, le positif vient toujours en second lieu, car vivre, on l'a vu, s'exprime d'abord par défaut, même si à défaut de vivre, on n'aurait pas non plus grand-chose à faire (même pas regarder le temps passer, cf. « T comme Temps »).

(3) « Nul n'est assez vieux pour ne pas espérer raisonnablement un jour de plus », disait le vieux **Sénèque** le jour de sa mort, après avoir, dans l'espoir d'avoir un jour de moins à vivre, avalé une dosette de ciguë et s'être ouvert les veines.

(4) **Les stoïciens** sont assez économes de principes. Et ne pas s'affliger de ce qui ne dépend pas de soi, ainsi que l'affirma Épictète après avoir été réduit en esclavage à quelqu'un qui venait de perdre un proche, est à peu de

choses près l'unique principe de la morale stoïcienne. Mais ce que n'avaient pas vraiment prévu les stoïciens, c'est l'éventualité que notre affliction ne dépende pas de nous, ce qui serait vraiment affligeant, vous l'avouerez.

W comme WAM

WAM (en orthographe simplifiée : OIM, mais il a fallu que je m'arrange avec le « w ») est censé être le mot « moi » en verlan, mais c'est l'inverse qui est vrai – et on ne le dit que trop peu –, c'est « moi » qui est le verlan de « wam ». On ne le sait que depuis que Jacques Lacan (cf. « K comme Kiki »), toujours là quand il faut ce Jacques, a parlé du stade du miroir (à ne pas confondre avec le palais des glaces). Car Jacques a dit : c'est la première fois que tu reconnais ton image dans le miroir (vers 6 mois) que tu peux commencer à dire « moi », que tu prends conscience de toi-même – au contraire du singe qui ne verra jamais dans le miroir qu'un miroir et non lui-même [1], ce qui ne peut que l'affliger (« Ah, si seulement le miroir était un peu plus poli, peut-être qu'il réfléchirait », se plaint le singe [2]). Donc le moi n'existe pas réellement, il est tout entier dans l'image qui nous en est renvoyée. Alors soyons logiques : si quand moi je me regarde dans le miroir, mon vrai moi est en vérité dans mon image, eh bien moi c'est wam, puisque l'image dans le miroir est toujours inversée. Je ne suis donc moi-même que l'envers du wam que j'aperçois dans le miroir. Le miroir est un animal qui aboie mon image : « Wam ! Wam ! » Au fond, notre image est plus vraie que nous. Wam ! Wam ! Korda ? Vous avez pricon ?

WAM reprend aussi les initiales W.A.M. de Wolfgang Amadeus Mozart et désigne de manière générale le génie. Car le génie sort d'abord du miroir.

C'est ce qui a dû arriver au petit Mozart : la première fois qu'il a reconnu sa propre image dans le miroir, c'est en vérité un petit génie qui lui est apparu. « Bonjour, je suis le génie du miroir, dis-wam trois vœux, je les exaucerai. » Et le petit Wolfgang, du haut de ses 6 mois, exigea : « D'abord, je veux que tu me donnes la parole, pour que je puisse te dire mes vœux. » « Je suis quand même le génie du miroir, je ne suis pas sorti de la cuisse de Jupiter, j'avais anticipé sur ton premier vœu, il est déjà exaucé. » Et Mozart parla ainsi dès 6 mois, ce qui lui laissa le champ libre pour composer ses premières musiques dès 4 ans. « Ensuite, je ne vois pas pourquoi tu aurais plus de pouvoir que moi, je veux être comme toi. » « Un génie, tu veux dire ? » « Oui, c'est ça, c'est ce que je veux dire, maintenant que j'ai la parole. » « C'est noté, ce sera fait. » « Et puis, *last but not least* (eh oui, comme je suis un génie, je parle déjà anglais), je ne veux pas mourir, bien entendu. » « Ça c'est impossible, mon p'tit gars, tu es un homme, tu ne peux pas le rester et devenir en même temps immortel. Or, tu n'as que trois vœux, et tu ne m'as pas demandé de ne plus être un homme. » « Allons, allons, tu es quand même un génie, tu vas bien trouver une solution. » « Voyons, laisse-moi réfléchir et ferme ta gueule, Mozart... D'accord, tout ce que tu composeras, tu me l'enverras et je le conserverai sous pli à la poste, et ce n'est qu'après ta mort que tu pourras récupérer la poste avec tous tes envois et en tirer tout le bénéfice, car crois-moi, quand tu auras de la poste hérité, tu auras gagné l'immortalité. » « Tu es quand même un peu timbré, répondit Wolfgang, comment veux-tu que j'hérite de la poste après ma mort ? » Mais Mozart, uniquement grâce à la poste héritée de son génie, devint immortel.

Ça fait envie. Ah, si seulement on pouvait avoir un tel génie ! Mais pour la plupart des hommes le génie n'apparaît jamais dans le miroir, on a beau le chercher, on ne trouve généralement jour après jour que rides, excavations, irrégularités, poireaux, furoncles et pustules. Mais le miroir est bon, il nous console en nous apprenant à aimer tant notre image qu'on se prendrait volontiers pour Mozart : « Mais c'est wam dans le miroir, oui c'est wam, W.A.M. » C'est ce qu'on appelle « narcissisme » ou tendance à se considérer abusivement comme un génie [3]. Malheureusement, seuls les génies comme Mozart n'ont pas besoin d'être narcissiques.

Notules pour ma hulotte

Sur l'éthologie, Épictète et le narcissisme

(1) Affirmation sujette à **controverse scientifique**, puisque certains prétendent qu'en se voyant dans la glace, le singe reconnaît clairement qu'il est un homme comme les autres, au contraire de l'homme, qui ne voit pas combien il est ridicule. Le chat, lui, se contrefoutrait radicalement de se voir ou pas, sachant qu'il est déjà le plus beau, et le chien n'arriverait jamais à voir dans le miroir que le bout de sa queue, à force de vouloir se renifler le cul. Ah, richesse de la science du comportement animal, ou éthologie !

(2) À défaut d'avoir lu **Épictète**, le singe est bien infoutu de ne pas s'affliger de ce qui ne dépend pas de lui, ce qui est quand même une preuve indubitable de son infériorité par rapport à l'espèce humaine.

(3) Attention, il existe quand même deux types de **narcissisme** qui n'ont rien à voir : le narcissisme primaire dans lequel on se confond entièrement avec le monde dont on se croit le nombril, et le narcissisme secondaire, dans lequel on ne veut surtout pas se confondre avec le monde pour qu'il sache bien qu'on n'est pas non plus n'importe qui.

X comme x, la lettre

La lettre « x » joue dans l'alphabet le même rôle que la pièce blanche dans le Scrabble : elle peut remplacer n'importe quoi, et signifie donc par elle-même l'indéterminé ou l'inconnu. À ne pas confondre avec lambda, iota ou encore T ou B, mais peut dans certains cas être synonyme d'*y*. Monsieur X peut très bien ne pas être une personne lambda ; peut avoir x raisons de changer sans pour autant bouger d'un iota ; et peut s'évanouir à l'instant *t* sans avoir pris de substance *x* ou *y* ; et lorsqu'il regarde un film X, ça lui fait un autre effet que les séries B. En effet, faut-il le préciser ?, le film classé X est un film à caractère si indéterminé qu'on y sait rarement rapporter avec précision tel ou tel organe à tel ou tel protagoniste ; et que les protagonistes s'appellent X ou Y, cela ne change pas grand-chose à l'histoire, où les principaux acteurs sont finalement les chromosomes ; on dit généralement : pornographique, en référence au grec *pornos* : « qui n'a ni nom ni visage mais qui ne manque pourtant pas d'attribut ». Mais « x » est aussi la lettre philosophique par excellence, ce qui n'a rien à voir avec le fait que Socrate ait été jugé pour pornographie (eh oui) ni avec le fait que les disciples d'Aristote se soient appelés aussi les « péripatéticiens [1] ». Non, X désigne chez Kant l'objet transcendantal [2]. Rien de moins ! J'imagine que ça vous fait quand même plaisir. Ainsi, X c'est tout objet possible, et sans X il n'y aurait aucun objet réel tout simplement. Là encore, je vois que ça vous fait une belle jambe. Soyons un peu plus concrets : à quoi peut ressembler un objet qui est tout objet possible sans être aucun objet déterminé ? Euh… eh bien, à X, précisément. Vous auriez quand même pu y penser ! Kant le dit d'ailleurs remarquablement et sans ambiguïté aucune : « l'objet transcendantal = X ». Et il nous rassure tout de suite, X n'est rien pour nous, ou encore son unité n'est que l'unité formelle de la conscience dans la synthèse du divers des représentations. Vous voyez, c'est quand même très indéterminé. Mais finalement ça n'est pas compliqué : vous avez déjà croisé l'objet arbre dans votre vie [3] ? Non, vous avez bien croisé des arbres, tous différents, des bouleaux, des pins, des tilleuls, etc., mais l'arbre en tant que tel, l'arbre en général, celui qui est tout arbre possible, pin, tilleul, bouleau, etc., celui-là, je vous le garantis, il ne s'est jamais présenté à vous. Et pourtant, si vous n'en aviez pas l'idée, vous seriez incapables de reconnaître qu'un pin, un tilleul, un bouleau, ce sont bien des arbres, et de les distinguer d'un seau à glaces, d'un pot de chambre ou d'un épagneul breton. Eh bien, ce que le concept d'arbre est pour tous les arbres réels,

X l'est pour tous les objets du monde. X, c'est merveilleux, c'est un outil qu'on applique sur le monde pour pouvoir le connaître, c'est une croix, c'est le croisement de tous les objets possibles, c'est aussi la croisée des trajets neuronaux et des opérations mentales. X occupe donc une position privilégiée dans l'alphabet, ce n'est pas une lettre parmi d'autres, c'est une lettre qui est toutes les autres lettres possibles, qui est tout le langage, qui est le monde, qui est Dieu lui-même. Non mais vous vous rendez compte ? Quand vous avez dit X, vous avez tout dit, en tout cas virtuellement, ensuite il ne vous reste plus qu'à vous taire, d'accord ? D'ailleurs Dieu a tout créé sauf X, qui est le cric de la création : à l'origine, il y avait X et rien d'autre. Dieu s'est en fait trouvé bien emmerdé avant la création : « À ma droite X, tous les mondes possibles, à ma gauche rien du tout, qu'est-ce que je peux bien faire maintenant ? Ce serait quand même vachement moins fatigant de ne rien faire plutôt que d'essayer de faire quelque chose de cohérent à partir de X. D'ailleurs, après tout, pourquoi quelque chose plutôt que rien [4] ? Bon allez, tirons à pile ou face… Face, ce sera rien ; pile, ce sera quelque chose. Ah merde, c'est pile, je réessaie… Et encore pile, allez une dernière fois… Oh non, pile toujours, c'est à croire qu'on ne peut pas ne rien faire… » Et Dieu se décida in extremis à créer quelque chose, par dépit. « Oui mais comment faire, comment créer un monde bien déterminé à partir de X et de rien d'autre ? Ah, bon moi-même ! Me voilà bien, avec une équation à une inconnue et rien d'autre. Peut-être que si je divise X par rien, ça va donner quelque chose… » Et Dieu le fit. Le résultat, on le voit, est complètement insensé : notre monde est bien réel, mais il est absurde puisqu'il est le résultat d'une division par zéro.

Notules pour ma hulotte

Sur les péripatéticiens, le transcendantal, Spinoza et Leibniz

(1) **Du grec *péripateïn*** : « marcher en faisant des ronds ». La légende dit que lorsqu'il enseignait, Aristote formait avec ses disciples un groupe de cinq et marchait en rond pour laisser la pensée plus libre. Ainsi, après un cours assez dense (par exemple, un cours de mécanique automobile sur la question du premier moteur immobile), on pouvait clairement distinguer, vus du ciel, les anneaux olympiques sur le sol. Les péripatéticiennes font aussi des ronds pour montrer qu'elles sont libres.

(2) Je sais bien que tu te demandes quelle peut bien être la différence entre **transcendant et transcendantal**, en même temps tu arriveras très bien à t'en sortir sans la connaître. Est transcendant ce qui dépasse tes pauvres capacités de perception, alors qu'est au contraire transcendantal ce qui les conditionne et les rend capables de connaissance. Tu auras beau chercher, tu ne trouveras donc rien de transcendant dans tes petites facultés transcendantales.

(3) **Spinoza** affirme que l'idée de chien n'aboie pas, ce qui ne manque pas de mordant. Tu en déduiras qu'on ne peut pas couper de bois à partir de l'idée d'arbre, même s'il n'y a pas de fumée sans feu.

(4) Question qu'on attribue en général à **Leibniz**, mais que Dieu est le premier à s'être posée – on aurait

quand même pu s'en douter, vu qu'il manque tant de confiance en lui-même (cf. « D comme Dieu »). Ce qui est beaucoup plus inquiétant, c'est d'apprendre qu'il n'a pas plus d'éléments de réponse à cette question fondamentale que le diplomate et philosophe allemand (cf. « Q comme Question »).

Y comme Yin ou Yang

Yin et Yang sont les deux parties du Tao, la Voie éternelle [1], le grand mystère de l'univers. En même temps ces deux parties sont une seule et même partie, car le Tao est tout et son contraire. Voilà qui nous permet quand même d'y voir plus clair. D'autant que, comme le rappelle l'auteur du Tao, Lao-Tseu, le Tao qu'on tente de saisir n'est pas le Tao et le nom qu'on veut lui donner n'est pas le nom adéquat. Ainsi, en saisissant qu'on ne peut pas le saisir, on saisit le Tao, mais comme on ne peut pas le saisir, on ne peut pas saisir qu'on l'a saisi quand on saisit qu'on ne peut pas le saisir. Bon, ça vous saisissez, je n'ai pas besoin d'y insister, ça paraît assez évident. Lao-Tseu le sait bien et c'est pourquoi il ne manque pas de nous le dire. En même temps, il nous dit aussi que celui qui sait ne parle pas, et que celui qui parle ne sait pas. Bien dit ! Mais comment le sait-il ? Logiquement, celui qui sait que celui qui sait ne parle pas ne pourrait pas nous le dire sans l'ignorer, tandis que celui qui nous le dit ne peut pas savoir que celui qui parle ne sait pas et il ne peut donc nous dire que celui qui sait ne parle pas que si lui-même l'ignore, donc il ne peut pas dire qu'il ne sait pas que celui qui sait ne parle pas sans savoir qu'il ne peut pas dire qu'il le sait. Cela dit, qu'on se rassure, la clé de ce délicat problème nous est donnée quelques phrases plus tard : « Connaître, c'est ne pas connaître : voilà l'excellence ; ne pas connaître, c'est connaître : voilà l'erreur. » Ah, magie du Tao, tu éclaires la vie de l'homme pour lui indiquer une voie sûre ! Bon, avançons quand même un petit peu sur ce sentier lumineux. La voie n'a pas deux bouts parce qu'elle est circulaire, mais elle a quand même une entrée et une sortie, le yin et le yang, qui sont rigoureusement au même endroit. Attention, ne te trompe pas, vivre c'est sortir du Tao et c'est y rentrer qui est mourir. D'accord ? Donc ne te trompe pas de chemin. Vivre est une séparation, un deuil, un exil ; ce qu'on comprend aisément quand on sait que Lao-Tseu est resté quatre-vingts ans dans le ventre de sa mère et que c'est pour cela qu'elle l'a ainsi nommé (Lao-Tseu signifie « Le Vieux »). Naître vieux, c'est quand même la garantie de ne pas mourir jeune. Sagesse de Lao-Tseu. La vie est donc une sortie, un dérapage, on quitte la voie (et c'est vrai qu'à 80 ans on a plus de chance de déraper) pour découvrir le moi [2]. On dit que dans la vie, on cherche sa voie, c'est faux, on l'a quittée et une fois qu'on en est sorti c'est elle qui nous cherche. La voie nous cherche et généralement elle nous trouve, même si le moi essaie de vivre caché et de brouiller les pistes, qu'il soit replié sur lui-même ou qu'il mène une vie dissolue, voire éclatée. Mais comme en vieillissant, nous marchons de plus en plus lentement, le Tao finit par nous rattraper, et Yang, qui ne fait qu'un avec Yin, vient nous chercher :

– Dis-moi, tu as fugué, il est temps de rentrer.

– Oui, mais je me suis quand même habitué à moi-même, au grand air et à la lumière du jour.

– Ça c'est sûr, quand on fugue, on prend de très mauvaises habitudes. Allez viens, la voie est libre.

– Et comment se fait-il que ce soit toi qui viennes me chercher, alors que c'est toi qui m'as laissé sortir ?

– Par où t'es rentré on t'a pas vu sortir, comme dit celui qui sait. Le retour est le mouvement du Tao. La sortie est un retour vers l'entrée. La vie est une boucle. Allez ça commence à bien faire, tu prends tes clic et tes clac et tu la boucles. Car maintenant tu sais et celui qui sait la boucle[3].

– Eh ben, ça valait bien la peine que je me donne toute cette peine justement, si la sortie est un retour vers l'entrée et qu'il n'y a pas de sortie de secours ni de porte dérobée. Et comment je fais pour rentrer ?

– Tu arrêtes de t'accrocher à toi-même, tu fermes les yeux, tu te bouches le nez, tu ne respires plus et tu me donnes la main. Je m'occupe du reste. Comme dit le Vieux, c'est par le non-faire qu'on gagne l'univers. C'est en quittant ton moi que tu retrouveras la voie.

– Oh non, sortir de moi ça me donne le vertige et ça me fait peur.

– C'est normal, le chemin de la lumière paraît obscur.

– Oui je sais, et le grand carré n'a pas d'angles, merci. Allez hop, dehors le moi, je saute !

Mais en fait, c'est une blague, une fois que Yang s'est bien assuré que nous ne respirons plus, il nous abandonne sur le côté de la voie et réintègre le Tao. Voilà ce qu'il en coûte de l'avoir quitté, nous n'avons plus le droit d'y rentrer et nous sommes laissés sans vie, sans moi, tout seuls, comme des enfants abandonnés, face à l'éternité du vide. Mais comme le vide est le Tao, au même titre que le plein, que le yin et le yang, et la terre et le ciel, et le zéro et l'infini, allez on s'en sort quand même pas trop mal [4].

Notules pour ma hulotte

Sur le surmoi, Confucius, Lao-Tseu et Héraclite

(1) Si tu veux savoir comment **trouver la voie** quand on part de rien et qu'on va nulle part, tu trouveras à ce sujet si tu y mets du tien, sur les bords de nulle part, un minuscule opuscule du ridicule auteur que je suis chez un tout petit éditeur, où tu apprendras quand même que l'Éveillé a dit : « Tu ne choisis pas ta voie, mais uniquement ta voiture, petit scarabée. » À bon entendeur salut !

(2) Il est vrai que du **moi** on a quand même assez vite fait le tour. C'est pourquoi il est fortement recommandé de se constituer au plus vite un surmoi qui permet de regarder le moi à une distance suffisamment appréciable pour offrir un panorama radicalement différent sur soi-même. Mais attention, le surmoi, de là où il est, peut rarement voir ce qui se passe sous moi, ce monde obscur où le ça règne en maître, même si la fange est son royaume. Dommage, car le voyage dans les profondeurs du ça, même si ça secoue pas mal, est infiniment plus riche que le tour du nombril. Sigmund Freud a créé une école de plongée pour permettre au moi, quand on peut se dérober à l'attention du surmoi, de s'immerger dans l'univers océanique du ça situé vingt mille lieues sous la mère.

(3) Variante martiale de ce grand principe de la sagesse chinoise que les récents travaux de sinologie de

Poinçon et Wattman attribuent à **Confucius** plutôt qu'à Lao-Tseu : « Motus et bouche cousue font plus que force ni que rage », qui aurait eu une certaine postérité dans la pensée occidentale du côté de Machiavel, bien qu'il n'ait absolument rien à voir avec la recommandation écologique inspirée de la philosophie bouddhiste : « Prends l'oseille et tire-toi. »

(4) On peut se demander si **Héraclite et Lao-Tseu** ne seraient pas cousins germains, dans leur commune excitation à voir les contraires se toucher, à moins qu'ils ne soient justement contraires l'un à l'autre, ce qui les rendrait du coup absolument identiques, à l'instar du même et de l'autre, du Lever et du Couchant.

Z comme Zen

Il est particulièrement important de connaître le principe qui constitue l'alpha et l'oméga de toute la philosophie Zen : rien n'est important parce que rien n'est important [1].

Notule pour ma hulotte

Où l'on apprend presque tout, mais rien d'important

(1) J'en entends déjà qui s'écrient : « Mais comment peut-on accepter un **relativisme aussi radical** qui confine à la pure indifférence ? » Je leur demande néanmoins de ne pas crier trop fort, il est déjà tard, et je leur répondrai d'abord que tout dépend de ce qu'on entend par relativisme (dont on peut convenir que le sens est tout relatif), ensuite qu'ils s'époumonent inutilement, car il est évident que pour émettre une telle accusation, il faut n'avoir lu que la première moitié du principe. Alors je les invite gentiment à faire un effort, à bien en lire la totalité qui, même si elle est courte, se compose de deux parties symétriques, et à ne se laisser en aucun cas abuser par l'apparence de tautologie (qui est, comme tu le sais, une explication inutile et redondante de l'*explicans* par l'*explicandum*, ou l'inverse, exemple : « Il est mort parce qu'il a cessé complètement et définitivement de vivre ») : rien n'est important *parce que* rien n'est important. Tout est bien entendu dans le « parce que », parce que rien n'est entendu si l'on n'entend tout d'abord ce « parce que ». Pourquoi ? Parce que si rien n'était important, un point c'est tout et puis c'est marre, alors pourquoi faudrait-il impérativement le justifier en empruntant le détour d'une explication, car dans ce cas, rien ne serait effectivement important sans autre procès, i. e. rien de rien et ainsi de suite à l'infini. Alors que là, rien n'est important pour une raison bien

précise qu'on ne saurait négliger et dont il faut saisir la complexité : parce que rien n'est important. On notera qu'on a ici deux fois « rien » qui n'ont pas le même sens en chacune de leurs occurrences, puisque (et non « parce que », cette fois-ci, sinon ça ne veut plus rien dire) le deuxième « rien » justifie le premier qui, lui, ne fait rien du tout et ne sert absolument à rien, autrement dit ne signifie rien lui-même, alors que le second parvient effectivement à signifier rien. On demandera : « Mais si le premier ne sert à rien, pourquoi ne peut-on pas l'éliminer et ne garder que le second, et faire disparaître ainsi le "parce que" pour ne plus rien écrire d'autre du tout sinon que rien n'est important, afin d'obtenir une proposition plus claire et moins redondante ? » Mais parce que, mon pauvre béotien, si l'on enlève le premier « rien », alors le second prend la première place et il ne sert plus à rien, il n'y a donc plus rien du tout à écrire (cf. « R comme Rien »). Dans ce cas, on n'écrit rien, et l'on ne dit plus du tout la même chose. « Rien n'est important » tout seul ne nous apprend strictement rien, alors que de savoir que c'est *parce que* rien n'est important nous dit presque tout. L'essence du tout se glisse dans la seconde partie de la phrase, car il suffit d'un rien pour que son sens change du tout au tout. Or, ce « rien » qui suffit, c'est précisément le second, car rien de rien, au même titre que rien du tout d'ailleurs, ne mène à rien, mais deux fois rien change tout, même s'il est à redouter que trois fois rien nous fasse probablement retourner en arrière. Évidemment, on pourrait vouloir une autre justification, censément plus convaincante (« Rien n'est important, parce que ceci ou cela... »), mais une autre justification serait une justification par quelque chose d'autre que rien et donnerait de l'importance à quelque chose au lieu d'en donner à rien, rendant la phrase, vous en tomberez aisément d'accord, radicalement auto-contradictoire. Une explication qui voudrait expliquer quelque chose ne pourrait que mener à rien, alors qu'une explication qui n'explique effectivement rien du tout vaut assurément mieux que pas d'explication du tout. Autrement dit, vous aurez compris que nous nous approchons ici de la pureté d'une explication qui, derrière l'apparence trompeuse de tautologie, seule donne son éminence au rien qu'elle veut signifier, parvenant à éclairer furtivement le sens de toute chose en touchant à l'essence du rien. Mais cette pureté n'est valable que s'il n'y a absolument rien d'autre que ce principe lui-même, et encore. Et le problème est qu'il est clairement expliqué juste avant, par la proposition liminaire, que ce principe est la seule chose importante à retenir, or cela en annule d'un coup toute la valeur et donc l'importance même. Car il est bien entendu que si ce principe s'applique à toute chose, y compris à rien, il doit nécessairement s'appliquer à lui-même, ce qui rend contestable l'idée qu'il serait important de le retenir, pire, que ce serait même la seule chose importante à retenir. On l'aura compris, bien sûr : soit le principe est vrai, et cela n'a absolument aucune importance de le retenir ou non, parce que rien n'est important, ou alors il faut qu'il s'excepte lui-même de son propre champ d'application, ce qui, comme nous l'apprend à juste titre la théorie des ensembles de Cantor, est radicalement impensable dans la mesure où l'on ne peut en aucun cas penser l'ensemble de tous les ensembles qui ne se comprennent pas eux-mêmes ; soit il est effectivement important de retenir ce principe, et alors le principe est nécessairement faux, conformément cette fois-ci au théorème de l'incomplétude de Gödel qui dit à peu près la même chose que Cantor, mais autrement, en démontrant l'impossibilité pour un système de démontrer sa propre validité à partir de lui-même. Cette double impasse qui confine à l'antilogie ne peut pas non plus nous laisser à l'arrivée complètement zen. Car la vérité du principe de toute la philosophie zen apparaît comme logiquement indécidable, ne nous offrant en aucun cas un sol stable sur lequel tout le reste pourrait se fonder, il est à la fois vrai et faux, d'une importance vitale et absolument négligeable, son énergie se fonde sur sa vanité même. Ainsi, être zen est absolument vain, mais comprendre que cela est vain, c'est en même temps cela, être zen. C'est en cessant d'être zen qu'on commence à l'être vraiment, quoique l'être vraiment soit radicalement impossible, donc le zen ne devient possible que dans l'auto-annulation de sa propre possibilité, là je pense quand même que ça commence à devenir un peu plus clair. Ce qui veut dire que tout ce qu'il dit ne veut plus rien dire dès lors qu'il est dit, mais ne veut pas plus dire dès lors qu'il est tu, ce qui va sans dire – sans aller pour autant mieux en le disant. La sagesse zen ne peut s'atteindre alors qu'en répétant à l'infini ce qui, pris séparément, ne peut être doté de la moindre validité, ce qui la rend tout aussi absurde que la méthode Coué (cf. « M comme Mort »), à cette incontournable réserve près que son absurdité fonde sa nécessité même. Seul est donc nécessaire ce qui est absurde, ce qui malgré le « donc » n'a rien d'une déduction, sachant aussi qu'il n'est absolument pas important de le préciser, s'entend à la fois de préciser le fait qu'il ne peut s'agir d'une déduction logique et que ce qui est nécessaire est nécessairement absurde et absurdement nécessaire, et ainsi de suite à l'infini, puisqu'il est tout à la fois absurde et nécessaire que ce qui est nécessairement absurde soit absurdement nécessaire et inversement.

Du coup, notre abécédaire, dont au fond, vu sous cet angle, on peut se contrefoutre, s'achève malheureusement sur l'inachèvement le plus radical, sur une phrase qui, sous prétexte de donner la clé de toute chose et derrière l'apparence anodine de la plus grande simplicité – « rien n'est important parce que rien n'est important » –, ferme en vérité la porte sur toute possibilité nouvelle de signification et ne fait que démontrer en même temps la vanité de tout ce qui a été écrit auparavant. C'est ainsi par un effet pervers (pour ne pas dire un putain de retour de bâton dans la gueule, mais je préfère vraiment ne pas le dire, ce serait assez vulgaire et ce n'est pas mon genre, j'ai reçu en tous points une éducation irréprochable à faire pâlir de jalousie les élèves de monseigneur Dupanloup) que l'écriture de cet abécédaire dévoile en ses derniers mots sa profonde inutilité ainsi que sa vacuité – cela dit, il est trop tard, au moment où j'écris, j'ai déjà presque fini, le contrat est signé et il est assez probable qu'au moment où vous lisez, vous avez déjà acheté le livre, tant pis –, mais on se consolera en se disant que cette perversité est celle-là même de la vie tout entière qui dévoile combien, au moment même de s'achever, elle demeure irréductiblement inachevée, et combien tout ce qui a été fait pour la remplir de sens s'abîme d'un coup en cet ultime instant dans une vanité que rien ne peut racheter, pas même tous les efforts titanesques produits par les philosophes pour rendre ce monde et notre existence un tant soit peu intelligibles, tous ces efforts qui vont sombrer d'une minute à l'autre, avant que le moindre mortel n'ait pu dire « eurêka ! » grâce à eux et au moment où nous aspirons cette dernière goulée d'air que nous n'expirerons plus faute de vie, dans le néant et le silence éternel des espaces infinis, lesquels ne laissent pas jusqu'au bout de nous effrayer. C'est pas très drôle. Mais c'est pas grave.

INDEX DES PHILOSOPHES ET AUTRES PENSEURS PLUS OU MOINS OCCASIONNELS

Allen, Woody, 144
Althusser, Louis, 85
Anaxagore, 61
Anaximandre, 61
Aristote, 33, 42, 61, 66, 166, 169
Augustin (saint), 144

Balavoine, Daniel, 49
Bardot, Brigitte, 109
Baudelaire, Charles, 107
Bergson, Henri, 43, 101, 120, 144
BHL (Lévy Bernard-Henri), 118

Cantor, Georg, 180
Confucius, 176
Coué, Émile, 97, 100
Cusset, Yves, nulle part

Dac, Pierre, 101, 144
Deleuze, Gilles, 83, 88
Démocrite, 58, 59, 60, 61
Descartes, René, 33, 34, 37, 41, 48, 113
Desproges, Pierre, 75
Durkheim, Émile, 54

Epictète, 20, 159, 164

Ferry, Luc, 121
Flaubert, Gustave, 19
France Gall, 28
François, Claude, 75
Freud, Sigmund, 14, 19, 41, 89, 136, 175
Froeppel (Professeur), 85, 89

Gargamel, 149, 153
Gödel, Kurt, 180

Hegel GWF, 108
Heidegger, Martin, 62, 94, 95, 117

Héraclite, 57, 58, 59, 60, 61, 76, 176
Hippocrate, 57, 58, 59, 61
Hitler, Adolf, 88
Hobbes, Thomas, 69
Husserl, Edmund, 48, 94

Ionesco, Eugène, 54, 106

Kant, E/Immanuel, 28, 83, 84, 85, 86, 103, 108, 138, 166

Lacan, Jacques, 33, 84, 88, 153, 161
Lao-Tseu, 171, 176
Laporte, Bernard, 28
Leconte, Henri, 109
Leibniz, Gottfried Wilhelm, 27, 169

Machiavel, Nicolas, 176
Merleau-Ponty, Maurice, 34
Montaigne, Michel Eyquem de, 108

Nietzsche, Friedrich, 39, 42, 43, 62, 113

Onfray, Michel, 118, 120, 121

Pangloss, 27
Pascal, Blaise, 51, 52, 54, 80, 94, 137
Peyo (Pierre Culliford, dit), 148
Platon, 18, 33, 75, 148, 152

Renée, la grosse, 113
Rousseau, Jean-Jacques, 49
Russel, Bertrand, 88

Sacher Masoch, Leopold, 136
Sade, François Donatien Alphonse, marquis de, 136
Sartre, Jean-Paul, 75
Schopenhauer, Arthur, 20, 100, 132, 136
Sénèque, 159
Socrate, 18, 33, 52, 59, 61, 86, 166
Souchon, Alain, 49
Spinoza, Baruch, 20, 43, 80, 169

Tardieu, Jean, 54, 89
Thalès, 61, 116, 120
Tocqueville, Alexis de, 153

Vergès, Jacques, 27

Weber, Max, 127
Wittgenstein, Ludwig, 81, 83, 88

TABLE DES MATIÈRES

Avertissement 11

A comme Amour 13
B comme Bonheur 23
C comme Corps 29
D comme Dieu 35
E comme Ego 45
F comme Folie 51
G comme Guerre 57
H comme Homme 63
I comme Intrus 71
J comme Joie 77
K comme Kiki 83
L comme Là 91
M comme Mort 96
N comme Noumène 103

O comme Oubli 109
P comme Philosophe 115
Q comme Question 123
R comme Rien 129
S comme Souffrance 131
T comme Temps 139
U comme Utopie 147
V comme Vivre 155
W comme WAM 161
X comme x, la lettre 165
Y comme Yin ou Yang 171
Z comme Zen 177

Index des philosophes et autres penseurs
plus ou moins occasionnels 185

Du même auteur :

Habermas/Foucault. Parcours croisés, confrontations critiques (dir. avec S. Haber), Paris CNRS éditions, 2006.

Le Remplaçant, suivi de *Rien ne sert d'exister*, Paris, Le Jardin d'Essai, 2005.

Philosophies politiques pour notre temps. Un parcours européen (avec Jean Picq), Paris, éditions Odile Jacob, 2005.

Le Vocabulaire de l'école de Francfort (avec Stéphane Haber), Paris, éd. Ellipses, 2002.

Habermas, l'espoir de la discussion, Paris, éd. Michalon, coll. « Le Bien Commun », 2001 (réédition 2005).

Réflexions sur l'esthétique contemporaine, Nantes, éd. Pleins Feux, 2000.

Le Musée, entre ironie et communication. À propos des stratégies d'exposition de l'art contemporain, Nantes, éd. Pleins Feux, 2000.

Composition et mise en pages : FACOMPO, LISIEUX

Achevé d'imprimer en décembre 2007
dans les ateliers de Normandie Roto Impression s.a.s.
61250 Lonrai (Orne)
N° d'impression : 073612
Dépôt légal : janvier 2008

Imprimé en France